これからの子どもたちに伝えたい
ことば・学問・科学
の考え方

中島平三

開拓社

S. Y. に捧ぐ

はしがき

　小学生の初々しく純真な姿は、新緑の若葉のように、爽やかな清々(すがすが)しい気分にさせてくれます。新緑の木々が柔らかな陽ざしと春の雨を受けて成長していくように、子どもたちも落ち着いた雰囲気の中で授業を受け、そして先生方の話を聞いて、健やかに成長していきます。

　私は、短い期間でしたが、勤務する大学の系列小学校に校長として関わっていたことがあります。小学校長の仕事の1つ（しかも、大事な1つ）は、児童や父母に向けて挨拶や話をすることです。その機会は、想像以上にたくさんあります。朝礼、学期の始業式、終業式、入学式、卒業式、謝恩会、保護者総会、学校説明会などと、挙げていくと枚挙にいとまがありません。加えて、学内外で発行する紙誌に挨拶や文章を書かなくてはなりません。小学校の3年の間に書いた挨拶原稿や寄稿原稿の数は、それまでの30数年の間に書いた本や論文の数よりもはるかに勝るような気がします。

　児童たちに向けた話は、冒頭で触れたように、授業と同じように大切な教育の一環です。児童たちは、授業を受け、先生方の講話や挨拶を聞いて成長していきます。とは

いうものの、小学校勤務の初経験者の私には、現場の先生方のように小学生の日常生活や授業、教科書などに即したことを話すことはなかなかできません。そこで、せっかくの機会ですので、先生方が話すこととは少し違う、自分の専門や学問に関わるようなことをなるべく分かり易く話すことにしました。教科書などを中心とする勉強を「正面からの勉強」と呼ぶならば、私が話したのはそれとは少し異なる「斜めからの勉強」ということができるかもしれません。子どもたちが独創的に育つには、正面からの勉強に加えて、斜めからの勉強も大切だと考えています。本書は、そうした斜めからの教育の奨めであり、その実践例のいくつかを紹介するものです。

Ⅰ部は、小学校での挨拶や講話が元になっており、語り口が、小学生に向かって話し掛けたり、保護者に向けて書いたりする口調になっています。ですが、一般読者が読むに耐えられるように、多少手を加えたり、長めにしたりしています。また各章の冒頭には、簡単な「大人向け」の解説を付けてあります。中高校生、その父母、大学生、教員、社会人（特にことばに興味のある方々）に、一般向けの読み物として、またことばへの誘いの書として、読んで戴けるものと思います。

小学生に話をするのは、基本的には大学生に講義をするのとあまり変わりませんが、1つだけ大きく相違している

点があります。それは、小学校で語る場合には、ただおもしろい話で終わらせるのではなく、必ず「教訓」や「指導」を添えなくてはならないという点です。小学校では、挨拶も講話も「教え、育てる」ことの一環だからです。ただ一般読者の中には、あまり教訓付きの話が続くと少し鼻に付くという方もいるかもしれませんので、I部の話を20編程度に留めておきました。

II部には、I部の背景となる英語教育やことばについて市民講座などで話した講演を易しく書き直したものを載せました。I部と独立して読んで戴くこともできます。日ごろII部に書いたような、ことばや英語、文学などに関心を向けているので、I部で取り上げている話も、自ずとことば、英語、科学、文学、学問全般に関係したものが中心になります。II部から、I部の背景と同時に筆者の関心の一端をご理解戴けるものと思います。

掲載した講話や挨拶は、内容的に、勤務校固有なものはなるべく避け、用語も、一般的な小学校で用いられているような表現を用いています。

大学時代の友人であり小学校長および教育長（西東京市教育委員会）を歴任された野崎芳昭さんには、原稿の全部を読んでもらい、有益なコメントや表現についての助言を戴きました。学習院大学の教え子の小野寺潤さんには、校正の段階で助けてもらいました。丁寧さと敏腕ぶりをいか

んなく発揮してくれました。児童たちと一緒に私の話を聞いて下さり、折々に感想を聞かせて下さった学習院初等科の先生方にも感謝いたします。とりわけ、近くで常々助けて下さった三浦芳雄先生と石川恵子先生には、この場を借りて御礼を申し上げます。本書の一部は、学習院桜友会文学部同窓会、としまコミュニティ大学、めぐろシティカレッジ、東北英語教育学会などで話したことが元になっています。それらの機会に質問・コメントを下さった方々にも謝意を表します。開拓社の川田賢さんには、別の分野で本を出すことをだいぶ前から依頼されていながら、それを果たすことなく今日まで来てしまいました。この本の出版で不義理を大目に見て戴ければ、多少気持ちが軽くなります。

2015 年 4 月

中島　平三

目　次

はしがき ……………………………………………………… iii

I部　斜めからの教育

- 序 これからの子どもに伝えたい勉強・学問の方法 …………………………………………………… 2
- 1 オオカミに育てられた少女 ……………… 10
- 2 チンパンジーとコミュニケーション ……… 14
- 3 なぜ閏月は2月に？ ……………………… 17
- 4 英語は鏡に映った日本語 ………………… 20
- 5 ひい、ふう、みいに隠された謎 ………… 24
- 6 「一」は漢字の一丁目一番地 …………… 29
- 7 「富士桜通り」はどんな通り？ ………… 38
- 8 可能性への挑戦 …………………………… 43
- 9 正面から、斜めから ……………………… 46
- 10 若者よ、海外へ …………………………… 48
- 11 読と書 ……………………………………… 51
- 12 桃太郎は、なぜ桃太郎か？ ……………… 54
- 13 心育 ………………………………………… 57

14	仲良く、友情を育み	60
15	母の子への思い	63
16	力を合わせて共同生活	67
17	児童から生徒へ	70
18	相依り相助けてこそ	73
19	種蒔く人	75
20	一冊の本、一本のペン	78
21	桃太郎と3匹のお供	81
22	一方の手が他方の手を洗う	84

II部　ことばの背景

23	英語は早ければ早いほど効果的か	88
24	ことばで脳や心を探る	105
25	新しい知のパイオニア　チョムスキー	125
II部	引用文献	144

あとがき　147

I部 斜めからの教育

序　これからの子どもに伝えたい勉強・学問の方法

♣「斜めからの教育」のすすめ

　学校では、先生が児童を教え育て、児童は先生から学び習います。では、先生は何を教え、児童は何を学ぶのでしょうか。

　どの学校でも教科書を用いて授業が行われています。したがって、教えられるのは、教科書に載っている情報や知識、「教科書化された」知識ということができます。教科書は検定を受け全国規模で使用されていますから、「標準化された」知識ともいえます。学校によっては、教科書の使い方に工夫を凝らしたり、副教材を用いたりしている所もたくさんあるものと思いますが、学校での教育・学習が、教科書化された知識、標準化された知識が中心となっていることは間違いありません。

　教科書に書かれている知識は、たとえて言えば、背の順にきちんと縦列した知識のようなものです。易しいものから順次難しいものへと並んでいます。教える者にも学ぶ者

にも、脇道に逸れたり混乱をきたしたりしないように、整然と、効率的に、整理されています。

　ノーベル物理学賞受賞者の小林誠さんは、「研究には真正面からと斜めからの方法がある」と述べていますが（9章参照）、その言い方を借りれば、教科書を中心とした勉強法は正面からの勉強ということができるでしょう。ですが、独創的な研究に正面からの研究に加えて斜めからの研究が必要であるように、子どもが独創的に成長していくには、標準化された「正面からの勉強」のほかに、「斜めからの勉強」も必要であろうと思います。

♣ 学校における斜めからの教育

　では、学校における「斜めからの教育」とはどのようなものでしょうか。学校で中心となる「正面からの教育」で教えられる知識を、少し斜めから、すなわち、少し見方を変えて見てみることです。正面から見ていたのでは何の変哲もなさそうな事柄について、ちょっと立ち止まって、斜めから、横から、後ろから、見直してみる。当たり前を当たり前として過ごさずに、「なぜ」と一歩踏み込んで考えるようなきっかけを与える。何の疑問の余地もない当たり前のことが、当たり前ではなく、いろいろな興味深い疑問を含んでいることに、気付かせることができます。

あるいは、並び方の基準を変えてみることです。教科書に提示されている教材や知識を、その順番通りに教えるのではなく、少し順番を変えてみる。低学年で学んだことに立ち戻ってみたり、高学年で学ぶことを現在の単元との関係で少し先取りして教えてみたりする。

また、整列という並び方から離れて、テーマや関心の類似という関係性から集合させてみます。異なる教科で類似したテーマを扱っているならば、教科の枠を超えて、同じ時期に一緒に教えてみる。教科書で扱われていることを出発点にして、図書室で図鑑や事典を参考にしながら、少し専門的な方向へ発展させてみるのもいいでしょう。

いずれの場合も、教員や親など周囲の大人たちの工夫と、子どもたちへの適切な助言やヒントが重要になります。必要であれば、経験者や専門家などの助言や助力を求めることになります。

♣「察」を育む

興味深い疑問に気付けば、子どもたちは意欲的に、どんどん突き進んでいきます。子どもたちの意欲を尊重しながらも、迷走したり空回りしたりしないように、突き進み方にも大人たちのちょっとしたアドバイスが必要です。意欲が空回りしたのでは、何も見えてきません。事象をじっく

りと観察し、持っている知識を結集して洞察を加え、事象の背後に共通性や、規則性、秩序などがないか考察するように、助言を与えることが大切です。観察・洞察・考察——これら3つの語句に含まれている「察」には、「曇りなくすみずみまで調べ考える」という意味があるようですから、斜めからの教育の目指すところは、「しっかり調べ、じっくり考える」力を培う教育（子どもたちの立場からすれば、学習）ということができます。「察」を育む教育、「察育」などといった新しい呼び方で呼ぶことができるかもしれません。

　正面からの教育と斜めからの教育は、矛盾するものではなく、むしろ補完し合う関係にあります。正面からの教育が知識の修得という受容的で状態的であるのに対して、斜めからの教育は「調べ考える」という能動的で動作的な学び方です。斜めからの教育は、正面からの教育を基盤にして、それにプラス・アルファを加え、能動的・動作的な方向に発展させていく勉強方法です。学問を行う際に採られているような方法を、小学生にも、身の回りの現象や知っている知識を材料にして、日ごろから実践し、体得して「癖」にしてもらいたいと思います。

♣斜めからの実践例

　私が小学校で子どもたちに挨拶や講話をしていた時も、今振り返ると、こうした斜めからの教育をそれとなく目指していたような気がします。「気がします」というのは、当時そのような目標を明確に意識していたわけではありませんが、研究者の端くれとして、学問の方法を子どもたちに伝えられればと期待して、話のテーマを選んだり内容を考えたりしていました。

　こうした観点から、Ⅰ部で扱う話を若干の「実践例」として整理してみると、次のようになります。

◇当たり前の中に不思議を見つける

　ことばをテーマにした話には、普段何気なく使っている日本語の中に謎や規則性が潜んでいることを伝えようとしたものが多いです。連濁の規則性を扱った「富士桜通りはどんな通り？」（7章）、日本語と英語を比較した「英語は鏡に映った日本語」（4章）、数を表す大和言葉に用いられている音が体系的であり、謎めいたことが隠されていることを示した「ひい、ふう、みいに隠された謎」（5章）、簡単な漢字「一」の読み方に規則性があることを喚起した「「一」は漢字の一丁目一番地」（6章）などが、それに当たります。

何の変哲もないことの中にも考える材料があることを伝えようとしたものに、物語の主人公の名前を問題にした「桃太郎は、なぜ桃太郎か？」(12章)、閏日が2月末にあることを問題にした「なぜ閏月は2月に？」(3章)。人間がことばを話せるのは当たり前と思われがちですが、それが決して当たり前ではないことを伝えようとした「オオカミに育てられた少女」(1章)、「チンパンジーとコミュニケーション」(2章)などがあります。

◇教科の枠を超えて
　「英語は鏡に映った日本語」(4章)は、理科の授業で児童が化学式について尋ねた疑問を英語の語順などと絡ませたものです。教科の枠を超えて共通した話題を取り上げた一例です。

◇見方を変える
　「読と書」(11章)というタイトルは、常識的な見方を少し変えてみると普段気付かぬことが見えてくることを示そうとしています。「桃太郎と3匹のお供」(21章)は、誰もが知っている、桃太郎が犬と猿と雉を連れて鬼退治に行くというありふれた話から、少し見方を変えて教訓を読み取ろうとしています。「一方の手が他方の手を洗う」(22章)も、結婚式でよく使われる英語の諺から、小さな新入

生向けの教訓を見つけ出そうとしたものです。

「正面から、斜めから」(9章)は、ノーベル賞受賞者の言葉を出発点にして、子どもたちに斜めからの学習の必要性を教えようとしたものです。本書の出発点になっています。「可能性への挑戦」(8章)も、陸上男子100mの世界新記録のニュースから、弛まぬ努力の積み重ねで壁を突き破れることを示そうとしています。

◇文学作品を活かす

　子どもたちに身近に感じてもらえるように、また本を読んでもらうように、子ども向けの文学作品や小学生が主人公となっている作品に触れているものがたくさんあります。なるべく私なりの解釈を踏まえ、聞いている子供たちにとって面白く、しかも教訓が伝わるように努めました。小学校の児童が対象ですので、概して、友達と仲良くするように、学校で楽しく過ごせるように、といった趣旨のものが多くなるのは避けられません。取り上げた作家は、夏目漱石(19章)、芥川龍之介(14章)、向田邦子(15章)、ジュール・ベルヌ(16章)、ヴィクトール・フランクル(17章)、そしてノーベル平和賞を受賞したマララ・ユスフザイ(20章)など多方面にわたります。

♣ 章の配列

　配列には明確な基準がありませんが、傾向として、長めのものから短めのものに並んでいます。この傾向は、話をした機会と関係しています。1-6 章は、長めの時間を取ることができる講話の時間や 6 年生を対象にした特別授業の折に話したものです。7-13 章の多くは、学内紙誌に掲載した文章で、一定の紙幅制限があります。14-16 章は、終業式や修学旅行の夕礼などの機会に高学年向けに話したものです。17-20 章は、卒業式や謝恩会の席で話したもので、対象が小学校を巣立つ 6 年生です。21-22 章は、小さな新入生を相手にして入学式に話した短いものです。内容の点でも、なるべく共通するテーマの話がグループを成すように配列されています。

1　オオカミに育てられた少女

　低学年向けの講話の時間に、童話『赤ずきん』の絵本を見せながら、人間とオオカミの話をしたことがあります。オオカミに育てられた女の子、カマラとアマラの話です。少し怖そうなところもありますが、動物と人間の関わり合いの話なので、低学年の児童も興味深く聞いていました。

　みなさんは、『赤ずきん』のお話を知っていますね。赤ずきんちゃんが病気のおばあさんをお見舞いに行く途中でオオカミに話しかけられ、行先を告げると、オオカミは先回りしておばあさんの家へ行き、おばあさんを食べてしまうというお話です。この童話では、オオカミがまるで人間のように言葉を話しています。
　今日お話ししようとすることは、ちょうど反対で、人間の子どもがオオカミのようになって、言葉が話せなくなってしまったという、実際にあった話です。
　インドの人里離れた村で、森の奥深くに、奇妙な生き物がオオカミと一緒に暮らしているといううわさが流れてい

ました。オオカミのようでもあり人間のようでもある生き物が、夜になると活動し始め、オオカミのような叫び声でほえます。4本足でかけ回り、全身が動物のように毛でおおわれ、夜には目がギラギラと光ります。もしそれが人間であるならばオオカミから救い出さなければならないと、村人たちがその棲みかに近づいていきます。遠くから観察していると、どうも人間のようです。二人の女の子の姉妹のようです。オオカミが棲みかから離れている間に、どうにか二人を救出しました。

　姉の方は見たところ8歳くらい、妹の方は1歳半くらいですが、正確にはよく分かりません。カマラとアマラという名前が付けられます。カマラもアマラも、言葉を話すことも理解することもできません。そこで教会の牧師さんが中心になって、姉妹に勉強や言葉を教えます。妹のアマラの方はほどなくして死んでしまいました。姉のカマラの方には引き続き言葉を熱心に訓練するのですが、結局言葉を話すようにはなりませんでした。

　みなさんは誰もが、言葉を話すことができますね。自分の考えていること、感じたことを、先生やお友達に言葉で伝えることができます。人間であれば誰もが言葉を話すことができます。人間は誰もが、生まれながらにして言葉を話す力（能力）を持っているのです（たとえ音声言語を話せなくても、手話言語が使えるようになり、誰もが言葉を

獲得する能力を持っています)。

　では、なぜカマラとアマラは言葉を話すことができなかったのでしょうか。それは、言葉の能力を生まれながら持っていたにもかかわらず、長い間使わなかったからです。どんな素晴らしい能力でも使わないと発達・成長しません。長い間使わないと、やがて枯れてしぼんでしまいます。ちょうどチューリップの球根は必ずチューリップの花を咲かすのですが、水や光をやらないと、やがて土の中でなくなってしまうのに似ています。カマラとアマラは人里離れてオオカミと暮らしていたために、言葉に接したり言葉を使ったりする機会を逃してしまったのです。

　みなさんは、言葉という非常に優れた能力を持っています。そのほかにも、自分だけに与えられている素晴らしい能力や才能を持っています。それを使わないと「宝の持ち腐れ」(宝物を持っていても、使わないために腐らせてしまうこと)になってしまいます。いろいろなことに挑戦して、自分の能力や宝が何であるかを見付け出して、それをたくさん使うように努めてください。

　能力を成長させるには、それにふさわしい環境がとても大切です。学校に来るのが楽しい、友達と遊んだりお話ししたりするのが楽しい、のびのびと学んだり体を動かしたりすることができる――そのような環境の中で、みなさんの持っている能力がすくすくと育っていきます。お互いに

良い学校、良い環境を作るように、日ごろから心掛けるようにしましょう。

❷　チンパンジーとコミュニケーション

　これも、子どもたちに興味のある動物の話。高学年向けの講話の時間に、チンパンジーの研究に取り組んでいる行動生物学者がふと漏らしたつぶやきを題材に話をしたことがあります。その生物学者が意図されていたのは、霊長類学や心理学の「心の理論」です。人間には優れた、他者の気持ちを推し量る心の理論があります。

　私の知り合いに、チンパンジーの行動や知能を調べて、ヒトの進化のことを研究している先生がいます。その先生と話している時、ふとこんなことを漏らしていました。「私、どうしてもチンパンジーが好きになれないのね。どうしてかなと考えたのだけれども、チンパンジーってこちらのことを理解しようとしないのね。」
　この言葉を聞いたとき、私はとても意外でした。チンパンジーを研究している別の先生から、チンパンジーがかわいくてたまらず、自分の子どもが小さい時に、「パパは僕よりチンパンジーの方が好きなんだ」と嫉妬されたという話を聞いたことがあったからです。また、どんな動物で

も、世話をしていると好きになってくるものと思っていたからです。

　その先生の「チンパンジーってこちらのことを理解しようとしない」という言葉の中に、その先生は動物と人間の大きな本質的な違いを見抜いていたように思います。人間には、相手の心——すなわち、考えや、意図、感情など——を、理解したり、共感したり、読み取ろうとしたりする力があります。相手にこんなことをしてあげたらきっと喜ぶであろうとか、相手が困っていそうなので、こうしたら助けてあげることができそうだ、などと相手の心を推し量ることができます。ペットを飼っている人の中には、犬なども飼い主が喜んでいるのか、悲しんでいるのかなどを理解できていると思われる人もいるかもしれません。しかし、ただ単に飼い主の雰囲気を読み取るのではなく、もう少し複雑な考えや意図を推測したり、共感したり、それに基づいて問題解決のお手伝いをしてあげようという「心配り」をしたりすることはありません。心配りや、心を推測する能力は、人間に特有なものであろうと思います。

　私たちは、言葉を用いてコミュニケーションを行っています。ですが、言葉で言い表しているのは、その人の考えや気持ちのごく一部分です。言葉を聞いた人は、その言葉を手掛かりにして、相手の考えや意図や感情を読み取ろうとします。話す人も、言葉になるべく自分の考えや気持ち

を込めようとしますが、すべてが言い表せるわけではありません。言葉のコミュニケーションとは、言葉を通じて、その背後にある考えや気持ちを伝えたり、それを読み取ろうとしたりすることです。人間には、心を読み取る能力があります。

　みなさんにも、心を読み取る能力が備わっています。お友達と仲良くし、学校生活を楽しくするには、心を読み取る能力を発揮し、それをますます鍛えていくことです。お友達の気持ちを察することができるようになると、お友達と仲良くすることができ、楽しい学校生活を過ごすことができるようになります。学校という集団生活の場における大切な目標の1つは、心を読み取る力を成長させて、お友達と上手にコミュニケーションがとれるようになることです。

③ なぜ閏月は2月に？

　2月の閏日の朝礼で、「なぜ閏月が2月なのか」という疑問を投げかけたことがあります。普段の年の365日に1日付け足すのであれば、年末の12月に閏日が来るのが自然なように思われます。意外にもヒントは、高学年の児童ならば知っている英語の月の名前にあるのです。閏日以外の日に話したら、単に英語の月の話になってしまったのでしょうが、タイミングが良かったようです。

　今日はうるう年のうるう日（2月29日）です。4年に1度うるう年が巡ってくる理由については、理科の授業などで習ったことがあるものと思います。地球が太陽の周りを1周するのに要する時間は、ちょうど365日ではなく、正確には365日と約6時間です。半端な6時間が4回たまると、1日分の24時間となります。その為に4年に1度、いつもの年より1日多い366日となります。その1日が、2月の最後に29日として付け加えられます。

　では、なぜうるう日は2月の最後の日に付け加えられるのでしょうか。1年の最後が12月31日なのですから、

その後に12月32日として付け加えられる方が自然なように思われます。その謎を解くヒントが、英語の月の名前に潜んでいます。

4年生以上は英語を学んでおり、授業の始まりに、先生からWhat's the date today?と尋ねられますね。そうすると、みなさんは、月と日にちを答えることになります。英語で1月から12月までの名前を言うことができますね。その中に、よく似ている名前が9月から12月にかけて続きます。9月がSeptember、10月がOctober、11月がNovember、そして12月がDecemberです。いずれも、-berで終わっています。

Septemberのseptemは英語のsevenと同じ意味です。したがって9月は7番目の月という意味です。Octoberのoctoは8本足のタコのoctopusと同じ語源で、8という意味です。10月は8番目の月ということです。Novemberのnovemは英語のnineと同じ語源で9という意味ですから、11月は9番目の月のことです。そしてDecemberのdecemはデシリットル（1/10の1リットル）のデシと関係しており10という意味です。12月は10番目の月ということです。

9月から12月の英語の名前は、実際の月よりも2つずつ少ないことに気付きます。ということは、1年の始まりが1月からではなく、2ヶ月遅れの3月からであったとい

うことです。古代ローマのカレンダー（ローマ暦）では、1年が現在の3月から始まっていたのです。英語の月の名前は、このカレンダーの月の名称を引き継いでいます。現在の3月が最初の月（1月）ですから、現在の9月は3月から数えて7番目の月、12月は10番目の月となります。そして、年末の月（12番目の月）となるのが現在の2月です。そのために、うるう日が2月の最後の日（現在の2月29日）として付け加えられるのです。

　英語の月の名前から、なぜうるう日が2月の最後になるのか、その理由が分かりましたね。学校で学ぶことは、意外な形でいろいろなところで関係していることが分かったものと思います。「うるう月はなぜ2月なのだろうか」というような、素朴な疑問を大切にしてもらいたいと思います。

④ 英語は鏡に映った日本語

　子どもが授業や生活の中で抱いた謎を、ほかの問題と関係付けてみると、おもしろい方向に好奇心を膨らませていくことができます。児童が理科の時間に抱いた謎を、英語の問題に関係付けて行った授業の例です。教科の枠を超え、ちょっとした補足を加えることによって、普段の授業とは一味違う授業になりました。

　子どもは、大人が気付かぬことに関心を向け、新しい知識を、砂が水を吸い込むように吸収していきます。

　毎年学年末の3月になると、卒業を目前にした6年生に「特別授業」を行っていました。特別授業では、日ごろ小学校の授業では扱われず、しかも児童たちが興味を持ちそうなテーマを取り上げるように心掛けていました。児童たちに興味を湧かせる1つの工夫は、普段の授業の中で疑問に思ったり、不思議に感じたりしたことを取り上げることです。そのために、日ごろから授業を参観し、アンテナを張り巡らしておくように心掛けていました。

　6年生の理科のクラスを参観した時、化学式を学習して

いた一人の男子児童が、NaCl は塩化ナトリウム、CO_2は二酸化炭素というが、どうして化学式の（元素の）順番と日本語の（呼ぶ）順番が逆になるのか、と先生に質問していました。NaCl を前から順に読めば、Na がナトリウム、Cl が塩素ですから、ナトリウム塩素となるはずですが、日本語では順を逆にして塩化ナトリウムと言います。おもしろいことに気が付くものだな、と大いに感心させられました（なお、英語では、化学式と同じように元素を前から読んでいき、日本語と逆転します。Na のナトリウムは英語で sodium、Cl の塩素は chloride ですから、NaCl は前から順に sodium chloride と呼びます）。

化学式	Na	Cl	C	O_2
元素	ナトリウム	塩素	炭素	酸素
日本語名称	塩化ナトリウム		二酸化炭素	
英語名称	sodium chloride		carbon dioxide	

　この話を授業の導入として用いて、「英語は鏡に映った日本語」という題目で特別授業を行ったことがあります。英語の授業で自己紹介をする時に、姓と名の順が逆転することを習っています。鈴木一郎ならば Ichiro Suzuki と言います。海外の友人に手紙を書いたことのある児童は、住所が、英語では日本語の場合とは逆に、番地、都市、州、国の順になることを知っています。

日本語　鈴木　一郎　　（日本国）東京都　豊島区　目白　一丁目
英　語　Ichiro Suzuki　1-chome, Mejiro, Toshima-ku, Tokyo, Japan

　さらに英語の授業で、文法としては教えられていませんが、(We) learn English のような動詞句や、(go) to England のような前置詞句による表現を学んでいます。日本語と比較すると、動詞と目的語、前置詞と目的語の順が逆転しています（英語の前置詞は日本語の助詞に当たります）。ちょうど理科の授業で児童が不思議に思った、化学式とその日本語の順番とが同じ関係になっていることに気付きます。

　動詞句：　　　　　　　　　前置詞句：
日本語　英語を　学ぶ　　　日本語　イギリス　へ
英　語　learn　English　　　英　語　to　　　England

　小学生でも多くの人が知っているレオナルド・ダ・ヴィンチは、秘密の文書を書く時に鏡像文字を用いていたと言われています。その話をしてから、鏡に文字を映すと、左右が逆転することをみんなで確認しました。英語の語順は、ちょうど鏡に映った日本語の語順と同じになっているのです。日本語では句の中心（主要部）が最後に来るのに対して、英語では最初に来るわけです。氏名や住所についても、日本語では重要な細部が最後に来るのに対して、英

語では最初に来るように書きます。この点でも、英語は日本語と「鏡像関係」になります。

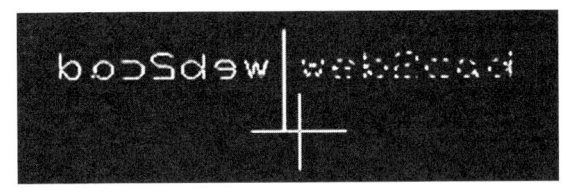

〈鏡像文字〉

つまり、英語は重要な要素が最初に来る「焦点から背景へ」型（ズーム・アウト型）、一方日本語は重要な要素が最後に来る「背景から焦点へ」型（ズーム・イン型）と言えます。少し長い文章を書く時も、英語では大切なことを最初にもってくるのに対して、日本語では最後にもってくる傾向があります。

児童たちは、こうしたことを国語や英語の授業ではあまり聞いたことがないので、新鮮に感じたようでした。「大学へ進学したら、今日習ったようなことを勉強したいです」と感想を書いてくれた児童もいました。子どもたちの関心を膨らませる材料は、意外と、普段の授業や彼らの生活の中に埋もれていることがあります。

5　ひい、ふう、みいに隠された謎

　ちょっと新しい見方を加えてみると、ありふれた事柄の中に、興味深い謎が浮かび上がってくる――これは、私自身が特別授業の準備をしていた時に、実際に経験したことです。子どもたちでも口ずさむことができる大和言葉の数の数え方（ひい、ふう、みい）に、50音図を当てはめてみると、次々と不思議な謎が浮かび上がってきます。考えるヒントとなる「見方」を与えてあげることの大切さを実感した時の話です。

　数字の 1、2、3 ... の数え方として、今では、イチ、ニ、サンと数えますが、昔の大和言葉では、ヒイ、フウ、ミイと数えていました。知っている人は、1 から 10 まで数えてみましょう。

　ひい、ふう、みい、よう、いつ、むう、なな、やあ、ここ、とお

　これをローマ字で書いてみましょう。何か気が付くことがありませんか。

1	2	3	4	5	6	7	8	9	10
hii	huu	mii	you	itu	muu	nana	yaa	koko	too

　1と2はhで始まり、3と6はmで始まり、4と8はyで始まっています。子音の部分（語頭のh、m、yなど）が共通していることが分かります。それに続く母音（子音に続くa、i、u、e、o）を替えることによって、別の数の呼び方となります。では、同じ子音で始まる1と2、3と6、4と8は、どのような関係になっていますか。

　そう、倍の関係（倍数関係）になっていますね。このことは、国語学の世界でだいぶ前から気付かれていました。ではこれを英語と関係付けてみましょう。英語では、名詞が単数形の場合と複数形の場合があります。多くの場合、girl—girls、apple—apples などから分かるように、単数形に -s を付けることによって複数形ができます。ところが、foot—feet、tooth—teeth のように、変則的な複数形の作り方をするものが若干あります。単数形と複数形の発音はどのような関係になっているでしょうか。子音の部分は同じで、母音の部分だけが違っています。foot—feet ならば、子音のfとtは同じで、その間の母音（-oo- と -ee-）の部分が替わっています。子音を同じにしておき、母音を替えることによって複数を表すという点で、大和言葉の倍数とよく似ていますね。

これは、英語の複数形を作る時だけではありません。世界中の言語で、名詞の単数形を複数形に変えたり、動詞の現在形を過去形に変えたりする時に、広く使われている変化の仕方です。子音を替えず母音を替えることによって語形変化する方法を、言語学では「母音交替」と呼んでいます。日本語の大和言葉でも、倍数を作る際に、世界中の言語で広く用いられている母音交替という方法が使われていたのです。日本に大陸文化や、いわんや西洋の言語学などという学問が伝わってくる以前から、大和言葉で、それと全く接触や交流のない言語に広く見られるような母音交替という変化の仕方が使われていたわけです。人間の言葉には、自然な状態で、共通した性質や規則が成り立っているのです。なんとも不思議ですね。

　今度は、ひい、ふう、みいの語頭で使われている子音を、50音図の行ごとに整理してみましょう。50音図は、昔のサンスクリット語という言語の音の研究（悉曇学）を参考にして作られた、大変工夫の凝らされた音の整理の仕方です。ア行からラ行に向かって、左から右へと並べてみます。1から10までの数の語頭の音を行ごとに整理すると、次のようになります。

ア行	カ行	サ行	タ行	ナ行	ハ行	マ行	ヤ行	ラ行
いつ	ここ		とう	なな	ひい	みい	よう	
					ふう	むう	やあ	

　大和言葉にはラ行の音が語頭に来る語がないので、ラ行はしばらく横に置いておきましょう。すると、1から10の数字には、サ行の子音を除いて、ア行からヤ行のすべての行のいずれかの音が使われていることになります。サ行に限って使われていないのは、なんだか腑に落ちませんね。

　ですが、30のことをミソ、40のことをヨソ、50のことをイソ、60のことをムソというように、10の倍数をソと発音していました。ソはサ行の音です。サ行も、大和言葉の数の呼び方に用いられていたのです。

　ではラ行はどうでしょうか。ラ行の音で始まる語はなかったのですが、もちろんラ行の音がなかったわけではありません。助動詞の「レル」や、「コレ」、「ワレ（我）」などにはラ行の音が使われています。ラ行の音があったにもかかわらず、数字には使われていないのです。ア行からヤ行まで「揃い踏み」しているのに、ラ行だけ登場しないのは、なんだか謎めいていませんか。

　今度は、語頭の子音に続く母音を50音図の段ごとに整理してみましょう。日本語の仮名は基本的に「子音+母音」

の組み合わせで成り立っています。語頭の仮名をローマ字書きした時に子音に続く母音（下記の太字）を、ア段からオ段に分けて整理してみます。

ア段	な**な**(na**na**)	や**あ**(ya**a**)	
イ段	**い**つ(**i**tu)	ひ**い**(h**ii**)	み**い**(m**ii**)
ウ段	ふ**う**(h**uu**)	む**う**(m**uu**)	
エ段			
オ段	よ**う**(y**ou**)	こ**こ**(ko**ko**)	と**う**(t**ou**)

　母音に関しても、5つの段のうち4つの段の母音がまんべんなく用いられているのですが、エ段の母音だけが使われていません。行についても、段についても、これだけ広く、くまなく音が使われていることからすると、段においてエ段が欠けているのも、謎めいていますね。

　欠けているように見えるラ行とエ段が交わる音、ラ行のエ段の音は何でしょうか。その音は、もしかしたら、1から10に劣らず基本的でありながら、当時はあまり知られていなかった数の呼び方のために、ひそかに取っておいたのかもしれません。昔の日本人の偉い学者は、すでにその数の存在に気付いていて、その数の呼び方のためにラ行のエ段の音を大切に取っておいたのかもしれません。数字の話が、なんだか推理小説みたいに謎めいてきました。

６ 「一」は漢字の一丁目一番地

　簡単な漢字「一」の読み方を通じて、言葉に規則性があることを児童たちに実感してもらおうとする特別授業です。なぜ言葉に規則性が成り立つのか、どのように私たちは言葉の知識を獲得するのかという人間の知能に関する大きな問題に触れながら、人間の素晴らしさを伝えようと試みたものです。

　漢数字の「一」は、小学一年生でも知っている最も基本的な漢字です。読み方は「イチ」。でも少し注意してみると、いつでもイチと読むわけではありません。「一丁目一番地」では、一番地の「一」はイチと読みますが、一丁目の「一」はイチではなく、イッと詰まって読みます。仮名で書く時にはッのように、ツを小さくして書きます。このような詰まった音を、急いで発音する音という意味で、「促音」といいます。
そくおん

　日本語には漢数字の「一」で始まる熟語がたくさんあります。一円玉、一年間、一枚、一号ホームランなどでは、「一」をイチと発音しますが、一冊、一生懸命、一等賞、

一本足打法などではイッと促音で読みます。一冊をイチサツと発音する人はいないでしょうし、逆に、一円をイッエンと発音する人もいないでしょう。どういう時にイチと読み、どういう時にイッと読むのでしょうか。

　「一瞥」や「一束一本」などは、少し難しい熟語なので、今まで聞いたことがないかもしれません。ですが、「瞥」はベツと読むことを教えてもらえば、「一瞥」はイチベツと読むことができます。また「束」はソクと読むことを教えてもらえば、誰もが「一束一本」の「一」はイッと読むことになります。どうして今まで聞いたこともない熟語について、ある時はイチと読み、ある時はイッと読むことができるのでしょうか。読み方を1つ1つ教えてもらい、それを記憶しているわけではなさそうです。

○イチとイッの読み分け

　一円玉ばかりではなく、一案、一位（で優勝）、一応（分かった）などでは、「一」をイチと読みます。一に続く漢字の音（読み）は、ア、イ、エ、オのようにいずれもア行の音です。また、一冊ばかりではなく、一死満塁、一睡（もしない）、一斉（に始める）、一足飛びなどでは、イッと促音で発音します。共通していることは、「一」に続く漢字の読みがサ、シ、ス、セ、ソと、いずれもサ行の音で始まっています。どうやら、「一」に続く漢字の最初の音が、イ

チと読むかイッと読むかを決めているようです。

そこで、「一」を含む熟語の例をもう少し挙げて、「一」に続く音を50音の行ごとに整理してみましょう。(1)の【ア行】というのは、「一」に続く漢字の始めの音がア行という意味です。

(1)

【ア行】一案、一位、一円

【カ行】一回、一気、一国　　　【ガ行】一眼(レフ)、一群、一合目

【サ行】一冊、一死(満塁)、一層　【ザ行】一座、(午後)一時、一族

【タ行】一体(全体)、一致、一等賞【ダ行】一台、一同、一度

【ナ行】一男(一女)、一日、一年

【ハ・パ行】一発、一品、一本　【バ行】一番、一便(びん)、一望

【マ行】一枚、一面、一門

【ヤ行】一夜(や)、一躍(やく)、一様(よう)(に)

【ラ行】一里、一列、一路

【ワ行】一羽(わ)、一割

【キャ行】一級(きょ)、一挙　　　【ギャ行】一行目

【シャ行】一社(しゃ)、一周、一瞬　【ジャ行】一巡(じゅん)、一女(じょ)、第一条

【チャ行】一着(ちゃく)、一丁目　【ヂャ行】(架空語：一茶碗(ちゃわん))

【ピャ行】一票　　　　　　　　【ビャ行】一秒

【 】の行のうち、網掛け行の「一」は、促音のイッと発音されます。「一」がイチと発音されるかイッと発音さ

れるかが、それに続く漢字の最初の音がどの行に属しているかに掛かっていることが、一層（この場合は、イッソウですね）明白になりました。

　ハ行の所にパ行が一緒に書かれています。ハ行は、濁音のバ行のほかに半濁音と呼ばれるパ行を持っているという点で特殊です。これは、昔の日本語にはハ行の音がなく、現在のハ、ヒ、フ、ヘ、ホは、パ、ピ、プ、ペ、ポと発音されていたことと関係しています。現在のハハ（母）は、昔はパパと発音されていました。ヒカリ（光）はピカリと発音されていました。ピカリは今でも光の擬態語として残っています。おもしろいですね。促音ッの後のパ行は昔の日本語の名残です。

　ヂャ行で始まる単語は極めてまれです。その単語の前に一が付くような語は実在しません。そこで「茶碗」の前に無理やり一を付けて、「一茶碗」という架空語を作ってみました。発音は、イッヂャワンではなく、イチヂャワンだと思われますが、みなさんは如何でしょうか。

　(1)で網掛けされている行と、網掛けされていない行に、どのような違いがあるか、何か気付きましたか。濁点（゛）が付いている字の音を濁音、付いていない字の音を清音といいます。まず、右側の欄はいずれも、濁点が付いている濁音の行（ガ行、ザ行、ダ行など）です。その前では、つねにイチと発音されます。

次に、濁音の行の左側の行、つまり濁音の行と対を成す清音の行（カ行、サ行、タ行など）では、いつもイッと促音になります。

　ですが、濁点が付いていない行で常に促音になるわけではありません。ア行、ナ行、マ行、ヤ行、ワ行は濁点が付いていませんが、促音ではなく、イチと発音されます。

　濁点が付いていないけれども促音にならない行に、何か共通点はありませんか。そう、ア行、ナ行、マ行、ヤ行、ワ行の右側は空白になっています。右側にある行はみな濁点を持つ濁音です。ア行やナ行には、濁点を持つ濁音がないのです。アやナに濁点が付いたア゛、ナ゛などはありませんね。どうしてでしょうか。

○少しだけ専門知識を

　指で喉の所を軽く押さえてみましょう。そして濁音のd（短くドゥ）と清音のt（トゥ）を発音してみてください。どのように違いますか。そう、dの時には指に振動が伝わってきますが、tの時には振動がありません。同じようにp（短くプッ）とb（ブッ）を比べてごらんなさい。bの時には振動が感じられますが、pの時には振動がありません。

　では、ア、イ、ウ、エ、オの時はどうでしょうか。指に振動が伝わってきますね。ア行の音は、濁点が付いていま

せんが、濁音と同じなのです。濁音と同じ「振動する」音、あるいは「濁る」音なのです。振動する音、濁る音を、音声学という学問では、「有声音」と呼んでいます。一方振動の無い音、濁らない音を「無声音」と呼んでいます。日本語の濁点は、無声音を有声音に変えるしるしです。

　ア行はもともと振動する音、つまり有声音なので、濁点を付ける必要がありません。いや、有声音に濁点を付けてさらに有声音にすることなどはできません。そのために、ア行には濁点が付かないのです。ナ行、マ行、ヤ行、ワ行についても同様のことが言えます。これらの行の音（より正確には、その子音）は元来有声音なので、濁点を付けるわけにはいきません。これらの行の右側に濁点の付いた行（たとえば、ア゛行やナ゛行）がないのは、そのためです。

　そうすると、「一」がイチと発音されるかイッと発音されるかは、それに続く音が有声音であるか無声音であるかに掛かっていることになります。続く音が有声音であればイチ、無声音であればイッと発音されます。これは、「一」の発音の仕方についての規則性です。つまり、日本語には(2)のような規則が存在していることになります。

　(2)　「一」は、有声音の前では「イチ」と発音され、無声音の前では「イッ」と促音になる。

　私たちは、無意識のうちにこの規則に従って、漢数字

「一」を発音しているのです。「一」は簡単な漢字ですが、その発音の仕方は、無声音や有声音などといった専門用語に基づく結構複雑な規則にのっとっているのです。

○規則はどこにあるのか

　私たち誰でもが、「一」の発音を（2）の規則にのっとって発音しているということは、（2）の規則を持っているということです。持っているので、一瞥や一束一本など聞いたこともない熟語に出会っても、続く漢字の読みが分かりさえすれば、「一」を正しく発音することができるのです。

　さらに、「一弾」「一蝶」などは聞いたことも見たこともありませんね。どんなに大きな辞書にも載っていません。なぜならば、今私が思い付きで作った、実在しない熟語だからです。ですが、一に続く漢字が弾、蝶と読むことができれば、誰もが「一弾」はイチダン、「一蝶」はイッチョウと発音することになります。実在しない熟語についても発音を予測できるのは、「一」の発音に関する（2）の規則を持っているからにほかなりません。

　では、その規則はどこに持っているのでしょうか。心臓でも、おなかでも、口の中でもありません。頭の中に持っているのです。持っていると言っても、それを取り出して、見せることはできません。脳の中に、無意識のうちに

日本語の知識として持っているのです。

　知識というと、掛け算の九九や、大化の改新の年号や、水の化学式など、学校の授業で習った知識を思い浮かべます。ですが、(2) の規則はどこでも習ったことがないでしょう。どのような本にも書かれていないものと思います。では、どのようにして (2) の規則を持つようになったのでしょうか。

　それは、みなさんがこれまで日本語に接する中で、気付かないうちに、自然に身に付けたものです。人間には、小学校に入る頃までに言葉に接すると、その言葉（言語）を身に付けることができるという、言葉の能力が備わっています。私たちは、日本語という言語に接してきたので、日本語の規則を自然に身に付け、日本語を自分の言葉（母語）として獲得してきたのです。言葉を獲得する能力は、人間に生まれながらにして備わっているので、日本語に接しさえすれば、自然に日本語を獲得することができます。英語に接していれば、英語を母語として獲得することになります。母語を獲得するというのは、(2) のようなその言語の規則を身に付けることです。生まれながらにして備わっている能力なので、掛け算の九九のように意識的に学んだり記憶したりすることはありません。(2) の規則も、日本語に接する中で自然に獲得した知識です。みなさんは誰もが、(2) の規則を日本語の知識の一部として共有して

いるので、(1) に挙げたような熟語について、誰もが同じように発音することができるのです。

○人間って素晴らしい

　私たちは言葉を自然に獲得する能力を持っており、獲得された言葉の知識は、(2) の例からも分かるように、かなり難しい（複雑な）ものです。そのような複雑な知識の獲得を、人間は誰もが特別な努力なしで、無意識のうちに成し遂げることができるのです。人間って、すごいですね。本当に素晴らしいです。

7 「富士桜通り」はどんな通り？

　言葉は、大変身近にあるので普段はあまり意識しませんが、たくさんの不思議を含んでいます。その一端に気付かせると、子どもたちに「知りたい気持ち」を引き起こし、自主的な勉強や研究への糸口を提供することができます。

　日本を代表する花に、桜の花があります。江戸時代の国学者・本居宣長は「敷島の大和心を人とはば、朝日に匂ふ山桜花」という和歌を詠み、日本人の心を山桜の花にたとえています。日本人の誰もが好きで、日本人を象徴する花です。

　山桜は「山」と「桜」が結合した語ですが、ヤマサクラとは発音せず、桜の頭の音が濁音になり、ヤマザクラと発音します。同じ三音節からなる花の名前に「つつじ」がありますが、この場合には、上に「山」が付いても、ヤマヅツジとは濁音化せずに、ヤマツツジと発音します。語と語が複合して濁音化する現象を、言語学では「連濁」と呼んでいます。この連濁の問題を取り上げて、少し言葉の本

I部　斜めからの教育　　39

質について考えてもらうような話をしたことがあります。

　連濁を起こす「さくらグループ」には、桜＋かい（貝）、おお（大）＋そら（空）、さば＋すし、昔＋はなし（話）などたくさんあります。一方連濁を起こさない「つつじグループ」には、草＋ひばり、おお（大）＋さわぎ、ざる＋そば、花＋ことばなどがあります。2つのグループの違いはどこにあるのでしょうか。

　「つつじグループ」では、「つつじ」のように既に濁音を含んでいるのに対して、「さくらグループ」では、「さくら」のように濁音を含んでいません。一般に、濁音を含んでいない語（特に、大和言葉の語）の前に他の語が来ると、連濁が起こります。

　　山　＋　さくら　──|連濁|→　山ざくら
　　　〈濁音なし〉
　　山　＋　つつじ　──|連濁せず|→　山つつじ
　　　〈濁音あり〉

　では、「富士＋さくら（桜）＋とおり（通り）」とか、「越前＋かに＋すし（寿司）」のように3つの語が繋がった場合はどうでしょうか。「富士桜通り」を例にすると、フジ**サ**クラドオリとフジ**ザ**クラドオリと2通りの発音が考えられ、それぞれの発音によって意味が違うのに気付きます。まず「桜」と「通り」が結合すれば、トオリに濁音が

ないので、サクラドオリと連濁が起こります。新たにでき た複合語サクラドオリには既に濁音ドが含まれているの で、前に「富士」が付いても、サクラは連濁を起こしませ ん。発音がフジサクラドオリとなります。富士山麓にある 桜通り、あるいは富士市にある桜並木などといった意味 で、桜の種類がソメイヨシノであるか河津桜であるかは分 かりません。

　さくら ＋ とおり ―⎡連濁⎤→ さくらどおり
　　　　〈濁音なし〉
　ふじ ＋ さくらどおり ―⎡連濁せず⎤→ ふじさくらどおり
　　　　〈濁音あり〉

〈富士山麓の桜通り〉

　一方、まず「富士」と「桜」が結合すれば連濁が起こり、 マメ桜の別称であるフジザクラができます。これに「通 り」が続くと、トオリには濁音が含まれていないので連濁 を起こし、フジザクラドオリとなります。「桜」も「通り」

も最初の音が濁音になります。富士桜の並木通りという意味ですね。その通りの場所がどこであるかは分かりません。

　　ふじ ＋ さくら ──連濁→ ふじざくら
　　　　〈濁音なし〉
　　ふじざくら ＋ とおり ──連濁→ ふじざくらどおり
　　　　〈濁音なし〉

〈ふじざくら〉

　おそらく誰も「富士桜通り」などという架空の熟語に出会ったことはないでしょう。2通りの読み方が可能であり、読み方の違いによって意味が違うということは、説明されれば、きっと誰もが納得することでしょう。

　これは、私たちが言葉の使い方を、単語ごとに1つずつ経験的に覚えているのではなく、無意識のうちに決まり（この場合、連濁のルール）を習得し、それを頭の中に持っているからです。その決まりを無意識的に働かせて、初め

て出会う語と語の結合に対しても、連濁の有無を正しく決めることができるのです。「越前＋かに＋すし」についても、2つの発音の仕方が成り立ち、それぞれの発音によって違った意味を表すことを確かめてみましょう。

　言葉は普段何気なく使っていますが、同じ桜でも連濁を起こす時と起こさない時があるといったようなことに気が付くと、どのような場合に起こしどのような場合に起こさないのかと知りたくなります。そうした「知りたい気持ち」が、勉強や学問、研究への出発点となります。子どもに知りたいという気持ちが生まれるような、授業や接し方をしたいものです。

8 可能性への挑戦

　陸上競技男子 100m の世界記録をたった 0.5 秒短縮するのに、約半世紀の弛まぬ努力と練習を要しました。宇宙飛行や宇宙開発を行うのには、莫大な予算と宇宙飛行士の弛まぬ訓練を必要とします。それにもかかわらず人類がこうした困難に挑戦するのは、人間の可能性を少しでも広げようとするためです。私たちも弛まぬ努力で、自分の壁を打ち破り、可能性を拡げられることを教えてくれています。

　現在の陸上競技男子 100 メートルの世界記録は、2009 年 8 月にジャマイカのウサイン・ボルト選手が出した 9 秒 58 です。1964 年の東京オリンピックで、アメリカのボブ・ヘイズ選手が、当時の世界新記録となる 10 秒 06 を出してから 45 年かけて、約 0.5 秒を縮めたことになります。1964 年当時は、100 メートル競走で 10 秒の壁を破るのは、人間の限界に挑むようなものであり、夢のまた夢でした。ところが、それから 4 年後の 1968 年にジム・ハインズという選手が初めて 10 秒の壁を破り、その後は 0.01 秒から 0.02 秒の幅で記録が更新され続け、約半世紀

をかけて約0.5秒を短縮したわけです。たった0.5秒を縮めるために、多くの選手がたくさんの努力と弛まぬ練習をしてきました。

　ボルト選手が世界新記録を出した年と同じ年（2009年）に、2人の日本人宇宙飛行士が宇宙に長期滞在をしました。2009年3月には若田光一さんがアメリカのスペースシャトル・ディスカバリーで4ヶ月以上の宇宙滞在をし、12月には野口聡一さんがロシアのソユーズ宇宙船で地球を飛び立ち、約6ヶ月の間宇宙に滞在しました。若田さんはその後、2013年11月にもソユーズ宇宙船で4回目の宇宙飛行を行っています。若田さんと野口さんが所属するJAXA（宇宙航空研究開発機構）では、みなさんもよく知っている「ひまわり」や「はやぶさ」などを打ち上げ、我が国独自の宇宙開発を進めています。

　宇宙飛行や宇宙開発には膨大な費用とたくさんの人々の努力が必要であり、時として犠牲を伴います。それでも実施することに意義があるのは、人間の限界に挑戦し、可能性を少しでも拡大しようとするためです。地球上にいるのでは限界と思われる人間の体力や技術について、地球とは環境や条件が異なる宇宙で実験を行うことによって、人間の体力や知力の可能性をいわば0.01ミリでも0.02ミリでも拡張しようとしているのです。地球上ではできない新素材の開発、無重力や放射能が人間の身体に与える影響、生

命の変化や進化などを実験して、人間の体力や知力の可能性を少しでも拡げようとしているのです。

　こうしたスポーツや宇宙開発における可能性への挑戦は、私たち一人一人にも勇気と希望を与えてくれます。誰にでも得手不得手があり、自分の力の限界と思えるようなことがありますが、努力や練習を積み重ねることによって、限界と思える壁を打ち破り、可能性を少しずつでも拡げていけることを教えてくれています。私たちが持っている可能性を少しでも拡張するには、日ごろの弛まぬ努力の積み重ねが必要です。そうした努力の成果はなかなか見えにくいですが、少しずつ地道に積み重ねることによって、必ず新しい可能性が切り拓かれてきます。

⑨ 正面から、斜めから

　勉強には、基礎基本の「正面からの勉強」と、偶然性や着想のおもしろさなど「斜めからの勉強」があります。「正面」が決まって初めて「斜め」の位置関係が決まります。

　科学における大発見には「偶然」がつきもののようです。ニュートンが重力に気付いたのは、リンゴの落ちるのを偶然見ていた時であるとか、フレミングがペニシリンを発見したのも、細菌培養用のシャーレが洗われていなかったなど幾重もの偶然が重なったお陰だと言われています。本当に発見は偶然に起こるのでしょうか。

　2008年度のノーベル物理学賞を受賞した小林誠さんは、「研究には真正面からと斜めからの方法がある」と述べています。真正面からの方法というのは正攻法の実験や地道な努力などのことを指しているのに対して、斜めからの方法というのは、他とは異なる視点や、発想の転換、ひらめき、そして偶然なども含まれるのでしょう。斜めは正面が定まって初めて決まる位置関係ですから、斜めからの研究

にはまず正面からの研究が前提になっているものと思います。発見も、真正面からの研究が基礎となり、その上で斜めからの方法が加わった時に起きるのではないでしょうか。

2008年度ノーベル化学賞受賞者の下村脩さんは、偶然クラゲの光る物質を発見したと報道されていますが、その背後には10数年の間にオワンクラゲを実験用に85万匹以上採集するという努力をしています。ニュートンのリンゴに関しても、リンゴの落ちるのを見ていて偶然重力を発見したというよりも、物を落下させる力のことをずっと考えている時に偶然リンゴの落ちるのが見えたとする方が正確なように思えます。生化学者のパスツールが言うように、「発見は偶然になされるにせよ、用意された心にのみ起こる」のでしょう。

学校の勉強でも、正面からの勉強と斜めからの勉強の両方が必要です。まず基礎基本をしっかりと身に付けて、その上でいろいろと工夫してみることが大切です。基本をきちんと固めておいて初めて創意ある工夫が活きてきます。

10 若者よ、海外へ

　小学校から中学校へ進むと、子どもは少しずつ親元から精神的に離れていきます。内向する若者が多い時代だからこそ、高校や大学で大きく飛躍できるように、中学生になったら大きな夢や渇望する目標を持ってもらいたいです。自分の大学時代の留学への渇望のことを話したことがあります。

　中学生になると、両親の手から少しずつ離れ、関心が、友達や、社会、世界へと広がっていきます。中には、中学生になったら、見聞を広げるために、親元を離れて海外の学校に留学をしたいと望んでいた人もいるかもしれません。中学は義務教育なので、現状では、日本の学校に在籍したままで海外の学校に留学するのはなかなか難しそうです。ですが高校になると、在籍したままで留学することを許可する学校がたくさんあります。

　私が中学生や高校生の頃は、まだその年齢で海外に留学するというのは思い付きもしませんでした。しかし大学生になるとすぐに、見聞を広めたり、自分を試したり、鍛え

たりするために、無性(むしょう)にアメリカに行きたいという思いに駆(か)られました。そうは思っても、当時はまだ日本の経済力があまり強くなく、国際化も十分に進んでいませんでしたから、大学生の海外留学などは夢のまた夢でした。そこで、親戚の人に、何がなんでもアメリカへ行きたい、大学生の身分を捨てでも、現地でどんな仕事でもするので、アメリカの知人を紹介して欲しい、とお願いしたことがありました。その時は、「これからいくらでもチャンスがあるので、今はしっかりと勉強をしておきなさい」となだめられ、あきらめました。でも、英語の力を磨きたい、英語で話せるようになりたいという気持ちは抑えきれず、電車の中で英語を話している外国人を見かけると、その人が降りる駅までついて行って、駅で懸命に英語で話しかけたり、家に訪ねて行ってよいかとお願いしたりしたことがありました。英語で話すことを渇望していたように思います。

　2010年度のノーベル化学賞を受賞した根岸英一さんは、ご自分の留学や海外での研究者生活を振り返って、「日本はすごく居心地がいい社会なんでしょうけれど、若者よ、海外に出よ、と言いたい。たとえ海外で成功しなくとも、一定期間、日本を外側から見るという体験は、何にもまして重要です」と言われています。残念ながら日本人の海外留学生はここ数年減少し続けています。アメリカの大学への留学生は、1990年代は世界一だったのですが、現在は

6位まで落ち込んでいます。私も、大学院をアメリカの大学で過ごした経験からして、根岸さんと同じ思いです。「若者よ、海外に出よ。」居心地の良い日本や親元を離れて、自分を試し、自分を鍛える上で、恰好の機会になります。

　中学生時代は、その後の高校生、大学生の時代に大きく飛躍するための準備期間です。そのためには、「無性にしたい」と思えるような夢や、実現を渇望するような目標を見つけ出すよう努めてもらいたいと思います。

11 読と書

「読書」という熟語は、言うまでもなく、書（本）を読むということですが、間に「と」を入れてみると、読（読むこと）と書（書くこと）の意外な関係を表しているようにも思えます。アメリカ人作家のジャック・ロンドンの文章修業がその関係を裏付けています。

　読書週間中の朝礼で、アメリカ人作家ジャック・ロンドンのことについて話したことがあります。『荒野の叫び声』や『白い牙』などの作品は子どもたちにもよく読まれており、図書室に所蔵している学校も多いことと思います。
　貧困な少年時代を過ごしたのちに、アザラシ狩りなどをしながら日本、カナダなど各地を放浪します。まともな教育を受けていないにもかかわらず、彼の文章は名文として高い評価を得ています。ではどのようにして作家修業をしたのでしょうか。伝記『馬に乗った水夫』（早川書房）によれば、読書で出会った名文や感動的な文章を手帳に書きとめたり、読書後に入念なノートをとったりしたようで

す。

　読書週間ですから、「たくさん本を読みましょう」と勧めるのが一般的なのでしょうが、読書の仕方には、多読のほかに、お気に入りの本を繰り返し読み直してみるとか、少し難しめの本を辞書や辞典を引きながら読み進むといった楽しみ方もあります。またジャック・ロンドンのように、自分で感動したり、良いと思えたりした文章をメモしながら読んでいくという読み方もあります。朝礼では、こうした、いつもとは少し違った読書法について話しました。

　その朝礼から1ヶ月ほどして、良い文章を書くための準備や技法を説いた『文章のみがき方』（岩波書店）という本が出ました。作者は、朝日新聞の「天声人語」を長い間執筆していらした辰濃和男さんです。その「まえがき」は「本を読んでいて、気に入った文章に出あうと、それを書き抜くことがあります」と始まっています。そして本文の中でも、哲学者の鶴見俊輔さんは小学生の頃から、「これはうまい文章だと思うものを書き抜きしていた」ことが紹介されています。また同書によると、作家の村上春樹さんは、気に入った本を暗記するくらいまで繰り返し読むことを勧めています。

　文章の磨き方の本にこうした読書法が紹介されているということは、「書き抜き読み」や「繰り返し読み」の読書

法が、文章を上達させる上でも役に立つと考えられるからにほかなりません。

　「読書」という熟語は、言うまでもなく書（本）を読むという意味ですが、このように考えてくると、読と書、すなわちは「読むこと」と「書くこと」が表裏一体の関係であることを表しているようにも思えてきます。表題で「読書」の間に「と」が入っているのは、こうしたわけです。

12　桃太郎は、なぜ桃太郎か？

　おとぎ話「桃太郎」の主人公の名前は、言うまでもなく桃太郎です。山に芝刈りに行ったおじいさんが桜の切り株を持ち帰り、そこから男の子が生まれたという設定でもおかしくありません。なぜ、鬼退治の主人公は、桃から生まれた桃太郎なのでしょうか。何の疑問もなく受け入れてきたことでも、疑問を持つと、不思議に思えてきます。

　誰もが知っている「桃太郎」の物語について、かねてから「鬼退治の主人公の名前が、なぜ桃太郎なのだろうか」と、たわいないことを疑問に思っていました。きっと多くの人は、おばあさんが川から拾ってきた桃から生まれたので桃太郎と名付けられたのだ、と答えることと思います。でも、物語の始めのところに「おじいさんは山へ柴刈りに」と出てきます。薪として柴の代わりに、桜の切り株を拾い、そこから男の子が生まれてきたという話になったとしても不思議ではありません。その場合には、桜から生まれてきたので「桜太郎」。桜は日本人に最も馴染みのある花

ですから、桃太郎よりも桜太郎の方が、日本を代表するおとぎ話の主人公にふさわしいように思います。

　春休みに花の本を読んでいると、偶然、桃の花の解説に「中国では鬼はモモを嫌うとされる。日本でも、女の子を悪鬼や邪悪から守る願いで飾ったとか」と書かれているのが目に留まりました。この解説を読んだとき、「ああ、そうだったのか」と、疑問に思っていたことがスーと解決できたような気がしました——桃太郎は桃から生まれたので、鬼に恐れられ、鬼退治ができたが、桜から生まれた桜太郎では、優しくて、誰からも愛されるだろうから、鬼退治は無理だろう、と。

　桃太郎の物語には、もう1つ「なぜだろう」と思える点があります。それは、桃太郎はなぜお供として犬と猿と雉を連れていったのか、という疑問です。犬と猿は「犬猿の仲」のはずです。この点に関しては、昨年の入学式で次のようなお話をしました（21章）。

　犬は陸を走ることが得意であり、雉は空を飛ぶことができ、猿は木の間を飛び移っていくことができます。違った特技や能力を持つ3匹の動物が協力し合ったので、強力なお供になることができたのです。誰とでも仲良くし、協力し合うことが大切です。

　私たちの回りには、考える材料がたくさんあります。当然として受け入れてきたことについて、少し立ち止まって

「なぜだろう」「どうしてだろう」と考えてみると、いろいろとおもしろい方向へ発展していき、考えることがきっと楽しくなるにちがいありません。

13 心育(しんいく)

　小学校段階で最も力を入れるべき教育は、知育、情操教育、体育よりも、心の教育、心育ではないでしょうか。道徳のように副読本やビデオ教材で徳目を教えるのではなく、日常の学校生活や家庭生活の中で望ましいと思われることに気付かせ、促し、自分からできるように定着させることが大切なように思います。

　「心育」？ほとんどの人が、いや誰もが、聞いたことがない言葉だろうと思います。どんなに大きな辞書や辞典を引いても載っていません。

　学校では、算数や、国語、理科、社会などの授業を受けます。これらの授業は、知識を増やし、考える力をつけるための教科です。このような科目は「知育(ちいく)」と呼ばれています。音楽や図工などの授業は、美しいものに触れ、感情を豊かにするためのもので、情操教育と呼ばれます。「育」が下に付く言葉でみなさんにとってもっとも身近なのは、「体育」でしょう。体を鍛え、体力をつけて健康になるた

めの授業です。

　知育も、情操教育も、体育も、小学校ばかりではなく、中学校に進んでも、高校に進んでも、大学に進んでも、学びます。しかし、どの育（教育）に多くの時間が割かれるかは、異なります。上の学校に行くほど知育に多くの時間が割り当てられ、情操教育や体育の時間が少なくなります。教育の力点が、成長や発達の段階に応じて変わってきます。

　では、小学校段階ではどの教育にもっとも力がそそがれるべきでしょうか。私は、心を育てる教育——それを心の教育、「心育」と呼ぶことにします——だと思っています。心を育てるというのは、少し分かりにくいかもしれませんが、特別難しいことではありません。ほかの人への思いやり、感謝する気持ち、協力し合う、迷惑を掛けない、お世話になった人を敬う、進んで手伝う、人や物を大切にする、などといったような心を育てることです。学校ではこうしたことをいろいろな機会に、いろいろな形で、促されたり教えられたりしています。それをしっかりと記憶に留め、日ごろから実践することが重要です。自分から実行できるようになって初めて、小学校段階で一番大切な心育が身に付いたということができます。

　読本やビデオ教材を用いて、正直とか親切などという徳目を授業で教え、それを記憶させたり評価したりしたとし

ても、子どもの「心が育った」とは言えません。一人一人の子どもが日常の生活の中で気付き、身に付け、実践できるように導く教育こそ、心育です。なお、心の教育を表すのに今でも「徳育」という語が用いられているようですが、明治時代の教育勅語や戦前の修身などを連想させられます。実際、道徳で副読本などを用いて教える内容を「徳」と見なし、その教育を徳育と呼んでいるようです。どうも徳育という語には、「官制」的な価値観の学校の場における教育という匂いが付きまといます。

14 仲良く、友情を育み

　芥川龍之介の子ども向け小説「白」は、友情の大切さというよりも、それを裏切った時の後ろめたさ、恥ずかしさを教えてくれます。犬の「白」は、友達を裏切ったために黒くなってしまいます。友達と仲良くし、友情を育み、それをいつまでも大切にしてもらいたいと思います。

　学校生活を送る上で一番基本となるのが、仲良くすることです。先生方は絶えずみなさんに「仲良くしましょう」と言われます。私もよく、朝礼の終わりに「今日も一日、仲良く、楽しく過ごしましょう」と言っています。仲良くすることにより、気持ちが安らかになり、学校へ来るのが楽しくなり、お互いに信頼することができるようになります。高学年になると、特に仲の良いお友達との間に「友情」が芽生えます。友情が持てると、困ったときに、お互いに相談し合ったり、助け合ったり、励まし合ったりすることができます。友情は大切な宝物です。日ごろから仲良くし、友情を結べるお友達を持てるといいですね。

みなさんの中には犬が好きな人がたくさんいることと思います。芥川龍之介という大正時代の小説家の作品に、「白」という題名の童話があります。「白」は犬の名前で、まだ日本中に狂犬病が流行っており、保健所が野良犬を捕まえる「犬狩り」をしていた頃のお話です。

　あるとき、白が仲良しの黒と遊んでいると、犬狩りが現れ、黒を捕まえてしまいます。黒は白に助けを求めるように「キャーン、キャーン」という寂しそうな叫び声を上げますが、白は恐ろしくなり、その場から逃げ去ってしまいます。

　家に戻って、黒を見捨ててしまったことを後悔していると、飼い主から「あら、この黒犬はどこの犬かしら」と言われてしまいます。自分の体が黒くなってしまったのです。黒くなった白は、飼い主から追い出され、野良犬になります。

　その後、白はいろいろな土地で、交通事故に遭いそうになった子供を助けたり、山の遭難者を助けたり、火事を通報したり、勇敢な行動をします。しかし白は疲れ果てて、生きているのが辛くなりました。死んでしまう前にもう一度飼い主に会いたいと思い、会いに行きます。そうすると飼い主は「あら、白が戻ってきたわ」と温かく迎えてくれます。

　実際には、犬の色が白から黒に変わるなどということは

ありませんね。白が黒くなったのは、友情を裏切り、信頼を失ったことに対する、暗い気持ちを表しているのだと思います。しかし白は、臆病であった自分を反省して、勇敢な行いをした結果、また本来の自分に戻ることができたのです。

　友情を裏切ったり、信頼を裏切ったり、意地悪をすることは、後ろめたい、恥ずかしいことですね。恥ずかしいことをすると、気持ちが暗くなり、寂しくなります。そうした気持ちにならないためには、お友達と仲良くすることです。お友達と仲良くし、気持ちよく学校で学ぶことにより、体の点でも、勉強の点でも、心の点でも、一層大きく成長することができます。

　この１年間、お友達と仲良くすることができただろうか、傷つけるようなことはしなかっただろうか、と省みてください。もし意地悪なことをしたようでしたら、来年度こそはお友達と仲良くすることができるように決意をしてください。白が黒にならないように、常に気を付けましょう。

15 母の子への思い

　母親の子に対する愛情は、ふとした光景の中に見られます。子のために、人目を憚らず、勇気を振り払い、一生懸命になっている姿は、小さな子どもたちにも感動を与えます。作家の向田邦子さんのエッセイに、小学4年生の遠足の朝に目撃した光景を描いたものがありますが、それを題材にして修学旅行の夜に話をしました。

　今朝、お父様やお母様に見送られて東京駅を出発しました。見送りに来られた方は、「元気に3日間過ごせるように」「少し体調を崩しているけれども、大丈夫だろうか」「友達と集団生活をうまく過ごせるだろうか」などと、さまざまな思いや気持ちを込めて見送って下さったに違いありません。

　ここに向田邦子さんの随筆集があります。向田さんは、少し前になりますが、「寺内貫太郎一家」「時間ですよ」など、次々と人気テレビドラマの脚本を手がけた作家です。また向田さんの書いたエッセイは、中学の国語の教科書にも載っており、若い人の間でもよく読まれています。

手元の随筆集の中に、小学4年生の遠足の時に見送りに来ていた同級生の母親の記憶について書いた作品があります。「ゆでたまご」という題名です。時代も、家庭的背景も異なりますが、遠足へ送り出す時の母親の子に対する気持ちがよく綴られています。その一部を紹介します。

　小学校四年生の時、クラスに片足の悪い子がいました。名前をIといいました。Iは足だけでなく片目も不自由でした。背もとびぬけて低く、勉強もビリでした。ゆとりのない暮らし向きとみえて、衿（えり）があかでピカピカ光った、お下がりらしい背丈の合わないセーラー服を着ていました。性格もひねくれていて、かわいそうだとは思いながら、担任の先生も私たちも、ついIを疎んじていたところがありました。
　たしか秋の遠足だったと思います。
　リュックサックと水筒を背負い、朝早く校庭に集まったのですが、級長をしていた私のそばに、Iの母親がきました。子供のように背が低く手ぬぐいで髪をくるんでいました。かっぽう着の下から大きな風呂敷包みを出すと、
「これみんなで」
と小声で繰り返しながら、私に押しつけるのです。
　古新聞に包んだ中身は、大量のゆでたまごでした。ポカポカとあたたかい持ち重りのする風呂敷包みを持って遠足にゆくきまりの悪さを考えて、私は一瞬ひるみましたが、頭を下げているIの母親の姿にいやとはいえませんでした。
　歩き出した列の先頭に、大きく肩を波打たせて必死についてゆくIの姿がありました。Iの母親は、校門のところで見送る父兄たちから、一人離れて見送っていました。

私は愛という字を見ていると、なぜかこの時のねずみ色の汚れた風呂敷とポカポカとあたたかいゆでたまごのぬく味と、いつまでも見送っていた母親の姿を思い出してしまうのです。

....

　私にとって愛は、ぬくもりです。小さな勇気であり、やむにやまれぬ自然の衝動です。「神は細部に宿りたもう」ということばがあると聞きましたが、私にとっての愛のイメージは、このとおり「小さな部分」なのです。

（向田邦子『男どき女どき』（新潮文庫 pp. 121-123）より）

　全体の中から、向田さんの小学4年生の目で、遠足の見送りの情景をよく観察し、大事な点をしっかりと記憶していることに驚かされます。子ども心ながらも、母親の子に対する愛情を察知し、それに心動かされ感動する感性があったためでしょう。母親は、貧しい中でできる限りの心尽くしをして、「私の子は足が悪いけど、仲良くしてね」と小学生たちに必死にお願いしている——その光景に、向田さんは母親の愛情の深さを感じ取っています。

　そして、母親の愛情深い光景に接して、向田さんは、自分がそれまで同級生のことを疎んじていた態度に、恥ずかしさを感じたのではないかと思われます。

　エッセイの最後の所に、「愛は小さなところに宿る」と書いてあります。また、「愛とはぬくもり、小さな勇気、やむにやまれぬ自然の衝動である」とも書いてあります。同級生の母親が、遠足の見送りの際に、足の悪い我が子の

ことが心配であるために、あるいはその子が遠足で楽しく過ごせるようにと、周囲の目を憚(はばか)らずに、ゆで卵を渡しながら小学生に向かって必死に頼んでいる光景に、親の子に対する愛情の深さやぬくもりが、向田さんならずとも、感じられます。

　みなさんの中には障害者をいじめるような人はいないと思います。いじめないというだけではなく、もう少し積極的に、困っている人、弱い立場にいる人がいたら、小さな愛情を少しでも示してあげられるといいですね。それには、ちょっと恥ずかしく感じても、「小さな勇気」を奮い起こす必要があるかもしれません。でも、それを見ている人は、きっと心の中で「ぬくもり」を感じ、大きな拍手を送ってくれているに違いありません。

16　力を合わせて共同生活

　共同生活にはチームワークが大切です。みんなで助け合い協力し合うことが必要です。それを破ると大きな危険が待ち構えています。そのことを、ジュール・ベルヌの『十五少年漂流記』が教えてくれます。学校という共同生活でも、ベルヌが言うように、「自分勝手なことをしないで力を合わせる」ことが大事です。

　夏休みを前にしてウキウキしているみなさんの様子を見ていますと、ジュール・ベルヌという人が書いた『十五少年漂流記』という物語のことを思い出します。みなさんの中にも、この本を読んだことがある人がたくさんいることと思います。物語の登場人物の年齢が8歳から14歳ですから、みなさんとほぼ同じです。共同生活を送る上で、力を合わせることの大切さを教えてくれます。

＊　＊　＊　＊　＊

　終業式を終えて子どもたちが学校からうれしそうに飛び出して行きます。あすから長い夏休みが始まるからです。その中でも14名の男の子は、その日の夜から、船で航海

旅行に出かけることになっているのですから、楽しくて仕方がありません。

　ところが、子どもたちが船に乗り込み、大人たちが船を離れている間に、船は、波止場につないであったロープが外れて、沖に流されていきます。14人の小学生と黒人の子どもの船乗り1名を乗せた船は、暴風雨の中を、今にも沈没しそうになりながら、何日も漂流し続けて、どうにか無人島にたどり着きます。そこから、15人の子どもたちだけによる共同生活が始まります。厳しい自然環境や、猛獣、漂流してきた海賊たちなどと、勇敢に戦いながら、たくましく生き抜いていきます。

　ところが、ドニファンという少年と3名の男の子は、リーダーに反発をしたり、チームワークを崩したり、自分勝手のことをします。やがて4人は仲間のもとを離れていきます。ドニファンらは猛獣に襲われ噛み殺されそうになりますが、かつての仲間によって必死に助けられます。ようやく自分たちがわがままであったことに気付き、仲直りをします。そして15人全員が、2年ぶりに両親が待つ故郷・ニュージーランドに無事戻ることができました。

＊　＊　＊　＊　＊

　作者のジュール・ベルヌは、作品の最後のところで読者に「さて、この物語を読んで、皆さんはどう感じたであろうか」と語りかけます。そして次のように続けます。

この少年たちのような夏休みを過ごすことは、おそらくないことであろう。しかし、これだけはよく覚えておいてほしいものだ。どんな困難にぶつかっても、自分勝手なことをしないで力を合わせ、熱心さと勇気をもってあたれば、切り抜けられないことはない、ということを。

(少年少女世界文学館（講談社）)

　学校は無人島ではありませんが、一人一人が自分の家庭から離れて共同生活をするという点では、似ているところがあります。クラス全体の中では、一人一人は33分の1にほかなりません。だからといって、自分だけがわがままなことをしても構わないということにはなりません。一人一人が力を合わせて初めて、33分の1以上の力を発揮することができるようになります。お互いに気持ち良く過ごせるようにするためには、時として、自分の感情を抑えたり言葉遣いを慎んだりしなければならないこともあります。そうしたことを学ぶことが、学校の共同生活から学ぶ最も大切な点です。そのことをしっかりと胸に刻んで、大切な夏休みを楽しく過ごしてください。

17 児童から生徒へ

　小学生から中学生になると、自我に目覚め、自ら新しい経験に挑戦していこうとします。その為に失敗することもあれば、傷つくこともあります。新しい経験の中で自分が試されることもあります。児童から生徒への出発の日は、「自分とはどのような人間であるのか」を問い続ける長い旅への旅立ちの日でもあります。

　小学校を卒業して中学校に進学することにより最もはっきりと変わるのは、「児童」から「生徒」になることです。成長過程の上で、「心理的離乳期」とか「第二の誕生」などと呼ばれる時期に入り、徐々に先生や両親から心理的に離れていきます。自分で選択し、自分で挑戦し、自分で解決したいという気持ちが旺盛になってきます。またそうでなければならない時期に差し掛かります。

　自ら選択し、自ら挑戦するのですから、これまでのような学校やご両親に用意してもらい、行ってきたような経験とは異なります。新たな経験に立ち向かう際に、これまでの経験が役立つ時もあれば、役立たない場合も出てきま

す。そのために、失敗することもあれば、傷つくこともあれば、悲しくなることもあります。

　そのような状況に遭遇したとき、2つのことを覚えておいてもらいたいと思います。1つは、失敗したとしても悲観しないこと。聖路加国際病院の日野原重明先生が小学生向けに書いた『十歳のきみへ――九十五歳のわたしから』という本の中で、次のようなことを書いています。小学生の時と大学生の時に大きな病気になり学校に行くことができなかったが、あまり悲観しなかった。その病気の経験が、のちにお医者様になってから患者さんの気持ちを理解する上で貴重な経験になった。つらい、悲しい経験であっても、悲観しないこと。

　もう1つ覚えておいてもらいたいことは、少し難しい話になりますが、新しい経験に出会うたびに、自分が試されているということです。中学生になったら是非読んでもらいたい本の1つに、ヴィクトール・フランクルの『夜と霧』という本があります。1つの民族が強制収容され大量に虐殺されるという、かつて人類が体験したことがないような悲惨な経験についての記録です。人類として新しい経験に遭遇したとき、一人一人の人間が試されます。収容所の中で、ある人は、仲間を裏切ったり、憎悪したり、復讐したりして、人間らしさを失っていきます。ある人は、わずかな喜びや感動に希望をつないで、毅然として生きて

いきます。

　強制収容のような深刻な経験ではなくても、新しい経験に遭遇するたびに、「自分とはどのような人間であるのか」ということが問われていることを覚えておいて下さい。ほかの人に対して親切であったのか、傷つけるようなことはなかったのか。困難に直面して、一所懸命に立ち向かうことができたのか、無責任ではなかったのか。自分に対して正直であったのか、卑怯(ひきょう)ではなかったのか。特に、苦しい経験や、うまくいかなかった経験の際に、どのように振る舞ったのかが大切です。

　児童からの卒業の日は、生徒への出発の日でもあります。大きな経験、人生の節目となる経験のたびに、人に対して親切であったか、物事に対して一所懸命であったか、自分に対して誠実であったか、と問い続けて下さい。今日の卒業式が、一人一人にとって「自分とはどのような人間であるのか」を問い続ける長い旅への旅立ちとなることを願っています。

18 相依り相助けてこそ
   あいよ　あいたす

　小学校を離れてからも小学校時代に培った友情を大事にしていってもらいたいものです。それには協力し合い、助け合う気持ちが大切です。そのことを、あまり聞いたことのないイソップ物語の寓話が教えてくれます。

　小学校を卒業したのちも、友達と連絡を取り合い仲良くしていってもらいたいです。そのためには、小学校時代に培った協力し合い、助け合う気持ちを持ち続けていくことが大切です。協力し合うには、他の人に対して心配りをし、全体を見ながら自分の役割や責任をきっちりと果たすことが必要です。人のために役立てることは大きな喜びであり、人から助けられることは大いに勇気付けられます。人間は一人で生きているわけではないので、協力し合うことが大切です。協力し合い、助け合うことは、これから進学する中学、高校、大学においても、さらに社会へ巣立ってからも、きわめて重要なことになってきます。
　「イソップ物語」の中に、あまり知られていないお話で

すが、「腹と四肢(しし)」という、元来は大人向けのお話があります。おおよそ、次のような内容です。

　私たち体のさまざまな部分は日夜お腹のために一所懸命に働いているのに、お腹は私たちが送る食物を食べ、楽々と怠けて暮らしています。腹立たしくなります。私たちが働かなくなったらお腹はどうするか見てみようと、口も、歯も、手も、食べ物が送られてきても一切働かないことを誓い合います。やがて、やせて、骨と皮だけになり、とても我慢できなくなりました。「そこで漸(ヤッ)と氣(き)がつき、是迄(これまで)働(はたら)いて居(い)たのわ、腹(はら)のためばかりでわなく、名々(めいめい)互(たが)いに助(たす)け合(あ)うのであると云(い)う事(こと)を覺(さと)つたと云(い)います。」

　イソップは教訓として次のように述べています。「人(ひと)わ己(おの)れ一人(ひとり)の為(ため)に産(うま)れたるにあらず。」仮名遣いや漢字体は、明治時代の『新譯伊蘇普物語(しんやくいそっぷものがたり)』によるので、多少現代語とは異なりますが、言文一致運動を進めた上田萬年(かずとし)博士の訳ですので、声に出して読めばきっと理解することができるものと思います。

　冒頭の表題は、上田萬年博士がこのお話の解説の一部として述べている「相依(あいよ)り相助(あいたす)けてこそお互(たがい)に幸福(こうふく)を得(え)られる」の最初の部分を記したものです。「相依(あいよ)り相助(あいたす)けて」という言葉を、小学校を卒業した後でも、覚えておいてもらいたいと思います。

19　種蒔く人

　明治の文豪・夏目漱石は、国家に対して、将来に向けての種を蒔くように奨めています。同じことが児童や生徒についても言えるものと思います。今蒔く種は、将来収穫する果実となって実を結びます。

　高学年向けの推薦図書の中に、『坊っちゃん』が含まれることがよくあります。作者は、改めて言うまでもなく、明治時代の文豪、夏目漱石です。その漱石が、20世紀の最初の年の日記（西暦1901年3月21日分）の中で、日本の国家としての在り方について触れています。ヨーロッパの列国が天下一の強国と誇っているが、強国は必ず滅びるという過去の歴史に学ぶならば、我が国は勇ましいだけの強国を目指すべきではない、と。そして、次のように続けています（読みやすいように、仮名は平仮名に、漢字や送り仮名は現代風に改め、振り仮名をつけてあります）。

　　真面目に考えよ　誠実に語れ　摯実に行え

汝(なんじ)の現今(げんこん)に播(ま)く種は　やがて汝の収(おさ)むべき未来となって　現(あら)わるべし

　いま真面目に考え、誠実に議論し、摯実（実直）に行動しておけば、それが将来への種を蒔（播）くことになり、やがて大きな成果・結果となって現れてくる。漱石は国家について述べているのですが、同じことが一人一人の個人についても当てはまるように思われます。

　種を蒔くというと、すぐにフランス人画家・ミレーの「種蒔く人」を思い浮かべます。片腕にかごを抱えて、畑に種を力強く蒔いている若い農夫を描いた絵画です。この絵を、会社のマークにしている出版社があります。本の出版社のマークになっているのですから、知識の源である本という種を社会に広く蒔く（刊行する）ことにより、将来有為な人材が輩出され、優れた思想や役立つ技術が生まれてくるように、という願いが込められているにちがいありません。

　一人一人が「種蒔く人」になってほしいと思います。まずは自分のための種を蒔く人になってください。蒔く種として、漱石の言うように、真面目、誠実、実直という種でもいいです。いろいろな方面へ関心を向けるという種でもいいです。さまざまな目標に向かって努力するという種でもいいです。いろいろな人に対する親切という種でもいい

です。そうした種を蒔いておけば、将来必ず大きな成果・結果となって実を結びます。

　そのような自分向けの種が実を結んだならば、今度は、自分が収めた成果を社会に役立てるよう、社会に向かって種を蒔く人になって下さい。自分のことだけを考えるのではなく、社会のことも考え、社会にとって有為な人になってもらいたいと思います。自分を成長させるためにも、社会に貢献するためにも、常に種蒔く人であってほしいと思います。

⑳　一冊の本、一本のペン

　卒業生に贈る言葉として、パキスタンの少女マララ・ユスフザイさんの話をしたことがあります。国際社会に向かって、世界中の少女が自由に教育を受けられるように訴え続けています。その活動の意義が認められ、マララさんは、2014 年に 17 歳の若さでノーベル平和賞を受賞しました。

　先日新宿の本屋で、偶然、『私はマララ』という本が目に入りました。エメラルド色を背景に赤いスカーフを巻いたマララさんの鮮やかな表紙が、目を引いたのです。みなさんの中にも、パキスタンの少女マララ・ユスフザイさんの話をテレビなどで聞いたことがある人がいるものと思います。

　マララさんが 15 歳の時に、タリバンという過激派集団に銃で撃たれ、辛うじて一命を取り留めるという痛ましい事件に遭います。パキスタンのイスラム社会では、女の子が自由に教育を受けたり、自由に職業を選択したりすることができません。そこでマララさんは、みなさんと同じ

11歳の頃から、いろいろの機会に国際社会に向けて、女性や子どもが誰でも教育を受けられるように訴えてきました。それがタリバンの反感を買い、銃で襲撃されてしまったのです。

この本を読んでから、改めて、2013年7月12日に国連本部で行われたマララさんのスピーチを聞きました。そのスピーチは、内容も、英語も、話しぶりも、大変立派で感動的でした。聞いていて何度も熱いものが込み上がってきました。演説会場の各国の国連代表者からも、何度も大きな拍手喝さいが湧きました。

マララさんはそのスピーチを、次のような言葉で終えています。

> 本とペンを持って戦いましょう。それこそが、私たちの最も強力な武器なのです。一人の子ども、一人の教師、一冊の本、そして一本のペンが、世界を変えるのです。教育こそ、唯一の解決策です。まず教育を。

私たちの国では、男子も女子も教育を受けられるのが当たり前になっています。そのために、教育の大切さが忘れられがちです。しかし世界中には、教育を受けたくても受けられない子どもがまだたくさんいます。それを解決する上で最も強力な武器になるのが、一冊の本であり、一本のペンです。本とペンは教育の象徴であり、本は考える力を

育む材料、ペンは自分の考えを広く伝える道具になります。中学生になっても、高校生・大学生になってからも、一冊一冊の本をしっかりと読み、そこから考える力を育み、考えたことを自分の言葉で世界に向けて発する力を身に付けてください。マララさんと同じように、本とペンを大切にし、社会や世界をより良くするために戦ってもらいたいと思います。

21　桃太郎と3匹のお供

　学校生活では、友達と協力し合い、仲良く過ごすことが大切です。それには、異なる能力や性格、考え方を尊重し合うことが必要です。そのことを、桃太郎にお供をした3匹の動物を例に出して、新入生に話しました。

　新入生のみなさんは動物のカンガルーのことを知っていますね。カンガルーの赤ちゃんは、独り立ちできるまでお母さんのお腹の袋の中で育てられます。袋の中にいると、ちょうど頭の高さがお母さんの心臓の音が聞こえる高さに来ます。赤ちゃんから子どもになると、お母さんの袋を飛び出して、一人でジャンプをして自由に飛び回るようになります。

　みなさんは、ちょうどカンガルーの子どもがお母さんの袋を飛び出そうとするところにいます。これまではお父さま・お母さまと過ごす時間が多かったのですが、これからは次第に学校のお友達や先生と過ごす時間が長くなっていきます。お友達と一緒に遊んだり、お話をしたり、勉強す

ることが、とても大切になります。たくさんのお友達を作り、お友達とたくさん遊んで、たくさんお話をするようにしてください。

　ではどのようにしたらお友達ができるでしょうか。そのヒントを１つお話ししましょう。みなさんの中で「桃太郎」のお話を知っている人は、手を挙げてください。鬼ヶ島に鬼を退治しに行く話です。桃太郎がお供に連れて行った動物は何ですか。犬と、雉と、猿ですね。犬は陸の上を走ることができます。雉は空を飛ぶことができます。猿は木から木へと飛び移って行くことができます。それぞれが違った力を持っており、違ったことを得意としています。その３匹の動物が仲良く桃太郎に協力したので、見事に鬼を退治し、宝物を手に入れることができました。

　これから学校で一緒に学ぶお友達は、それぞれが違った力を持ち、違ったことを得意とし、違った考え方をし、違った気持ちを持っているかもしれません。仲良くするということは、そうした違いをお互いに認め、大切にし合うことです。そうすることにより、たくさんのお友達ができ、多くのことを学ぶことができます。たくさんの宝物を手に入れることができます。

　桃太郎にお供をした３匹の動物のように、お互いに仲良くし、協力し合い、学び合いながら、大切な６年間を過ごすようにして下さい。そして小学校を卒業する時、

「こんな素晴らしい宝物を手に入れることができました」
と報告してくれることを楽しみにしています。

22　一方の手が他方の手を洗う

　結婚式などでよく引き合いに出される英語の諺に、One hand washes the other（一方の手が他方の手を洗う）というのがあります。これは学校生活における友達との関わり方にも当てはまるように思います。一方の手を自分、他方の手を友達に見立てながら、新入生に話しかけました。また、本書で主張する「斜めからの教育」も、「正面からの教育」と一緒になって、一方の手が他方の手を洗うことになるのかもしれません。

　みなさんは、おやつを食べる時や食事をとる前に、ちゃんと手を洗っているでしょうか。また朝起きた時、毎朝顔を洗っていますか。
　手を洗う時、どの手を使いますか。片方の手だけですか、それとも両方の手を使いますか。両方の手ですね。片方の手だけでは、手を洗うことができません。では、顔を洗う時には、どうでしょうか。やはり両方の手ですね。片方の手だけでは、顔を洗うこともできません。両方の手が協力し合って初めて、手をきれいに洗ったり、顔を洗った

りすることができますね。

　こちらの手（右の手）をみなさん一人一人の自分だと思ってください。もう一方の手（左の手）をお友達だと思ってください。両方の手が協力し合うことにより手がきれいに洗えると同じように、自分とお友達が仲良く協力することによって、学校で楽しく過ごすことができるようになります。両方の手が協力することによって、手を洗うことも顔を洗うこともできるように、自分とお友達が仲良く協力することによって、自分一人ではできないような色々なことができるようになります。学校では、まずお友達と仲良くするようにしましょう。

　みなさんの中には、犬や猫やそのほかの動物を飼っている人がたくさんいることと思います。朝起きた時や、外からお家に帰ってきた時に、動物が近づいてきてワンワンとかニャアニャアと挨拶してくれるとうれしくなりますね。動物に挨拶されてうれしいのですから、他の人から挨拶をされるともっとうれしくなります。自分がやってもらってうれしいことは、お友達や、お家の人や、周りの人にもするようにしましょう。お家では、朝起きた時に「おはようございます」、学校へ出かける時に「行ってまいります」、学校から帰った時に「ただいま」、夜寝る時に「おやすみなさい」と、お家の方にきちんと挨拶をしましょう。学校では、朝登校してきた時には「おはようございます」、帰

りの時には「さようなら」と、はっきりと声に出して挨拶をしましょう。先生方、お友達ばかりではなく、守衛さん、事務の方、用務員の方、さらにお兄様、お姉様にも、きちんと挨拶をしましょう。挨拶をきちんと交わすと、気持ちよく一日を過ごすことができますし、やがて仲良しのお友達ができてきます。

　お友達と仲良くすることと、きちんと挨拶をすること。この2つは学校を卒業するまでの6年間、しっかりと守ってください。お約束できますね。

II部 ことばの背景

23 英語は早ければ早いほど効果的か

　公立小学校では「外国語活動」が、5、6年生を対象に必修化されています。文科省はさらに開始時期を早め、小学校3年生から始めることを決めています。私立小学校でも、公立学校の早期化に遅れを取るまいと、開始時期をさらに早める傾向が見られます。本当に英語は、教え始めるのが早ければ早いほど効果的なのでしょうか。

♣ 臨界期説

　早期化の1つの理論的根拠になっているのが、言語習得臨界期説です。心理学及び神経生物学が専門のエリック・レネバーグ（Eric Lenneberg）というアメリカ人研究者が、交通事故などが原因で生じる失語症からの回復や、精神遅滞児の言語訓練などの研究から、言語習得が可能な年齢的制限があるという仮説を提案しています。子どもが後天的に失語症になっても思春期（おおむね10〜13歳）以前であれば回復が見込めるが、それを過ぎると訓練をし

てもあまり回復が望めません。精神遅滞児の場合も、思春期以前に訓練を行うと言語発達に進展が見られるが、それを過ぎるとあまり見られなくなります。

　こうした事例に基づいて、レネバーグは、思春期前後が言語習得の年齢的制限——これを言語習得の「臨界期」と呼びます——に当たるという仮説を唱えました。この時期は脳の発達の上でも、脳で行われるさまざま認知機能が一方の脳半球に固定化する「一側化」が進む時期と重なります。言語機能ならば、思春期を過ぎると大方の右利きの人は左半球に一側化します。そのために、何かが原因で左半球に障害を負うと言語機能が損なわれ、右半球で代替することができなくなり、訓練をしても回復することが難しくなります。

○ジーニーの発見

　レネバーグの臨界期説が公表されてからほどなく、それを現実に裏付けるような衝撃的な出来事が起こります。1970年にアメリカ・カリフォルニア州・ロサンジェルスの福祉事務所に、夫からの虐待に耐えかねた女性が助けを求めて飛び込んできます。対応した所員が目を奪われたのは、その女性ではなく一緒にいた少女の方です。見るからに病弱で栄養失調、体は発育不良、与えられた食べ物を噛むことも水を飲むこともできず、大小便を垂れ流してしま

います。言葉はほとんど理解することも話すこともできません。見たところ6、7歳のようでしたが、のちになって、発見当時13歳6ヶ月であったことが分かります。

その少女（「ジーニー」という研究上の名前が与えられています）は、生まれてからすぐに陽の差さない暗い離れの小部屋に閉じ込められ、裸同然で子ども用便器に縛り付けられていました。音からほとんど遮断され、音に異常なほど過敏であった父親は、食事を運ぶ母親に、ジーニーに話しかけることを固く禁じていました。そのためにジーニーは発見されるまでほとんど言葉に接することなく過ごしてきました。

発見後、彼女が社会復帰できるように、心理学者、小児科医、精神科医、生物学者、言語学者などから成るリハビリテーションのためのチームが作られ、精力的に訓練が行われます。1年後にはその成果が現れ始め、知能は普通の子どもに比べやや劣るものの向上が見られ、語彙数も増えていきます。ところが文法の発達の面では、健常児の18ヶ月から20ヶ月程度（2つの語を組み合わせる「2語文」程度）にしか発達しません。特に、冠詞や助動詞、前置詞、接続詞など「機能語」と呼ばれる語や、動詞の時制や名詞の数の語尾変化などが見られません。機能語は、意味があまりはっきりしないものが多いですが、語を組み合わせて複雑な句や文を作る上で重要な働きをします。その

II部　ことばの背景　　91

後も訓練が続きますが、こうした状態からほとんど進展がありませんでした。

　ジーニーによく似た例としてイザベルという少女の例が知られています。聾唖者の母親と一緒に陽の差さない暗い部屋に閉じ込められ、発見された時は知能が19ヶ月児程度で、言葉もほとんど話すことができませんでした。ですが、その後2年間ほどの訓練で、自分で物語が作れるほどに言葉の発達が進みます。イザベルが発見されたのは、生後6歳の時でした。

　ジーニーとイザベルの比較は、レネバーグの臨界期仮説を強力に裏付けることになります。イザベルが発見されたのが6歳で、発見後の言葉の習得に成功したのに対して、ジーニーが発見されたのが13歳半で、習得に成功しませんでした。ジーニーは、言語習得の臨界期とされる思春期の入り口を、既に過ぎてしまっていたのです。

　ジーニーの発見は、当時日の出の勢いで普及し始めていた、ノーム・チョムスキーの提唱する生成文法理論（25章を参照）の考え方にも強力な支持を与えることになります。生成文法理論によると、人間は誰もが生物学的にことばを獲得する能力を持っており、その言語能力が一定の期間の間に周囲で話されている言語に晒されると、その言語を母語として習得することになります。ちょうど花の球根に一定の期間光と水をあげるだけで、花が開花するように

なるのとよく似ています。球根が花を咲かせることも、最小限光と水が必要であることも、生物学的に決まっているのです。ことばと球根に違いがあるとすれば、球根の場合はチューリップの球根であればチューリップの花しか咲かせませんが、ことばの場合は周囲の言語環境に応じて日本語とか英語といった違った個別言語を習得することになります。もっとも、世界中の個別言語の間には本質的な共通性が多々存在しており、例えば地球の外の宇宙人からすれば、どの個別言語も同じ人間言語として聞こえるのかもしれません。ジーニーの場合、一定の期間内に——つまり臨界期までに——周囲の人が水をやるのを怠ってしまったのです。

○移住者の第2言語習得

　もう1つレネバーグの臨界期説を裏付けるような研究結果があります。ジョンソンとニューポートというアメリカの心理言語学者が、アメリカに移住してきた韓国系と中国系移住者の英語の習熟度を調査したものです（Johnson and Newport 1989）。調査の対象となったのは、移住後10年以上経つイリノイ大学の教員と学生46名。動詞の時制を変化させることができるか、基本的語順に並べられるか、疑問文を作ることができるか、などといったことを調べます。英語に習熟するということは、こうした文法操作

に関する知識を獲得することであると考えられるからです。

　結果は、習熟の程度に応じて、(I) 英語母語話者と同程度のグループ、(II) やや劣るグループ、(III) 最も劣るグループの3つに分けられます。その要因となっているのは、性別、年齢、英語への動機付け、学習した教育機関などではなく、もっぱら何歳の時にアメリカに移住してきたかという移住年齢であるということが分かりました。(I) のグループは移住した年齢が3〜7歳、(II) のグループは8〜15歳、(III) のグループは17〜39歳。(II) (III) のグループでは移住年齢が高ければ高いほど（移住が遅ければ遅いほど）習熟がはかばかしくありません。つまり、英語に接するのが早ければ早いほど習熟の度合いが良いのです。そして、言語習得の臨界期とされる思春期の年齢を過ぎると著しく低下していきます。

○英語教育への波及

　ジーニーの訓練結果も、移住者の第2言語習得の調査も、言語習得にとって言語に接する時期が早ければ早いほど効果的であることを示しています。こうした事実は、日本の英語教育の世界にも波及していきました。特に言語習得の臨界期が思春期の入り口であるとすれば、その時期を越える中学1年生から英語を教えるのでは遅すぎる。だ

から小学校から英語学習を開始するべきだ。しかも早ければ早いほど効果的であるのだから、5年生からとは言わず、3年生、いや1年生から開始するべきだ。こんな声が、早期英語教育推進派の専門家の間からも聞こえてきます。

　しかしながら、こうした議論には大きな落し穴があります。その落し穴について見る前に、小学校英語の開始時期を考える上で示唆的と思われる最近の言語脳科学の論文を紹介しようと思います。

♣ 言語脳科学から

　小学校段階で英語を外国語として7年間学習したドイツ人小学生を被験者にした、脳科学者のヴェバーらによるおもしろい実験があります（Weber et al. 2013）。以下、母語のドイツ語をL1、学習中の英語をL2と呼んでいくことにしましょう。課題としてL1、L2それぞれについて音韻的課題と形態的課題の4種類（2×2＝4）を用意し、それぞれの課題が与えられた時の脳の活動（脳のどの部位が活動するか、活動の強弱など）を、脳波を測定する脳波計（Electroencephalography; EEG）という機器で測定します。

II部　ことばの背景

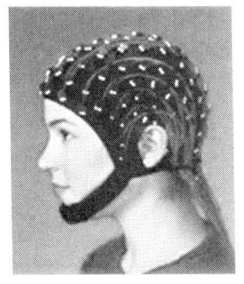

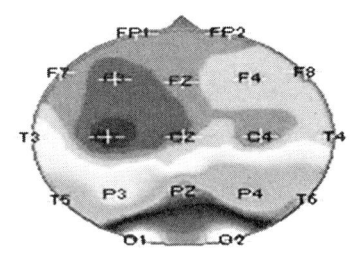

〈EEGによる脳波測定〉　〈EEGの画像例〉

この実験でポイントとなるのは、次の3点です。

A．L1とL2の習熟度の関係はどうなっているか。
B．音韻的課題と形態的課題の出来具合はどのような関係か。
C．L1の課題とL2の課題を処理する時、脳の同じ部位が活動するのか。

Aのテーマは、よく「英語を勉強するより母語の日本語を勉強するほうが先だ」などと言われますが、それに脳科学の実験から答えを与えてくれます。Bのテーマは外国語を学習する時どの領域（技能）から始めるのが有効かという問いに示唆を与えてくれます。Cのテーマは、「言語が異なっても同じことばなのだから同じ部位で扱われる」のか「言語が異なるのだから異なる部位で扱われる」のかを考える上で興味深いです。

○まず母語の確立を

　被験者の習熟の度合いを、L1 と L2 の音韻的課題、形態的課題を処理する際の反応時間、正答率、さらに実験に先立って行われる読みや綴り、文法問題のテストなどに基づいて、測定します。すると、L1 の習熟と L2 の習熟に非常にはっきりとした相関性があることが分かります。L1 が良くできる児童は L2 の結果も良く、逆に L1 の結果が良くない児童は L2 の結果も良くありません。

　実験結果からして、まず L1 を習得し、それに磨きをかけて十分に習熟しておくことが、L2 の学習にも好結果をもたらす、ということが分かります。逆に L1 の習熟が十分でない場合には L2 を学習しても習熟がはかばかしくありません。外国語の学習にはまず母語の確立を、と言えましょう。

○まず音から

　L1 においては、音韻的課題と形態的課題の出来具合に大きな差が見られませんが、L2 においては音韻的課題の方が形態的課題よりも良くできています。また音韻的課題に習熟している児童は形態的課題にも習熟しているという相関性も見られます。

　外国語を学ぶ際には、音韻的課題の方が入り易いということができます。また音韻的知識を習得しておくことが形

態的知識の獲得にも役立つと言えます。外国語学習は、まず音から。

○L2 には一般知能も

　L1 を処理する際にも L2 を処理する際にも、基本的に同じ脳部位（左脳の頭頂葉から側頭葉、頭頂葉から後頭葉）が活動しています。活動の部位が後頭葉の方に引っ張られるのは、実験が視覚刺激によるものであり、視覚野が後頭葉にあるからです。

　この結果から、言語が異なろうと同じことばなのだから、同じ言語野で処理されているということができます。これは今日では広く受け入れられている「言語モジュール論」（言語機能に特有な独立した精神領域が存在するという考え方：25 章参照）からすれば当然と言えます。

　L1 と L2 で活性化する脳部位は基本的に同じところですが、活動の強さに違いが見られます。L2 を処理する場合の方が強く活動します。これは脳に負担が掛かっていることの表れで、不慣れな課題に出会った時によく見られる活動です。L1 の処理は自動的、無意識的に行われますから、特別強い脳活動は見られません。L2 も習得が進むと自動的、無意識的になってきます。

　左脳の活動する部位は L1 と L2 で基本的に同じなのですが、L2 の場合にはそれに加えて右脳が活発に活動しま

す。L2 を処理する時には言語に固有な部位以外の所が関わっていることを示しています。言語知識に加えて一般的な知能が関与しているものと考えられます。L2 の未習熟さを補うために一般知能が借り出されるのです。外国語学習には一般知能の発達も求められます。

♣小学校英語はいつから

○習得と学習

　上で紹介したヴェバーらの研究から、外国語学習には、母語の習熟が進んでいて、一般知能が発達していることが必要だ、ということが分かります。そうだとすると、単純に、英語学習の開始時期が早ければ早いほど有効だとは言えません。ここで、レネバーグの臨界期説を裏付ける証拠として紹介したジーニーと移住者の英語習得の例を思い出してみましょう。ジーニーは臨界期を過ぎてからの母語習得（または、獲得）です。移住者は英語が使用されている環境における第 2 言語習得です。どちらも「習得」です。それに対して、ヴェバーらの研究は外国語としての英語の学習です。日本で行われている英語の教育も外国語としての学習です。

　習得（acquisition）と学習（learning）は明確に異なります。習得は、当該言語が使用されている環境で、特別な

訓練や努力なしで、無意識的になされるものです。一方学習は、学校などの機関で、意図的に努力をし、意識的に行われるものです。習得と学習では、当該言語に接する絶対量が圧倒的に異なります。習得に関して臨界期があり、早ければ早いほど効果的であるからと言って、それがそのまま学習に当てはまるとは限りません。学習は意図的・意識的に行われますから、その準備態勢・受け入れ態勢として、母語の習熟や一般知能の発達が求められるのです。

○インプットよりインテイク

　早期英語教育推進派の人たちには、早期化の理由として、子どもの頭がまだ柔軟なうちにという理由と、早期化により学習期間を延ばすことによって、接するインプット（input）の量が増加するようにという理由があるように思います。これは、無意識的に行われる習得については当てはまるかもしれません。しかし意識的に行われる学習では、インプットの量よりも、学習者の取り入れようとする意識――インテイク（intake）しようとする意識――あるいはそうしようとする精神的発達が大切なように思われます。学習には意図的な努力を伴うのですから、インテイクしようとする意識や態勢が不可欠です。

　では、インテイクする受け入れ態勢ができる年齢とは、いつ頃なのでしょうか。

○ **10 歳の壁**

　小学校の教育現場には、「10 歳の壁」という言い方があります。学習内容が急速に難しくなりそれを乗り越えられるグループと乗り越えられないグループが生じるような「壁」という意味で用いられたり、子どもが次第に親離れをしていき親と子の間にできる「壁」というような意味で用いられたり、いろいろな意味で用いられます。共通していることは、勉強の難易度でも、子どもの関心でも、理解力でも、親子関係でも、さまざまな点でそれまでとは大きく異なり、大きな「壁」があるということでしょう。10 歳の 4 年生というと、小学校 6 年間のちょうど後半に入る学年です。

　私自身のわずかな小学校勤務の経験からしても、また現場の先生方から聞いた話からしても、確かに 3 年生と 4 年生の間には大きな「壁」があるようです。子どもの関心が、自分自身や家族から、友達、社会、さらに海外へと広がっていきます。困っている人の気持ちを理解したり、テレビで映し出される海外の動きに関心を向けたりします。親の手中から離れ、時として親に対して反抗的になります（そのために、この時期を「ギャングエイジ」と呼ぶことがあります）。勉強の面でも、3 年生までは身の回りのことについて先生に教えられるままに真似たり覚えたりするのが中心でしたが、4 年生になると経験したことのないこ

とや抽象的なことを学ぶようになります。読書の量も幅も広がり、理解力や読解力が増していることが窺えます。言葉の表現力も、驚くほど豊かになり、素晴らしい詩や長い感想文が書けるようになります。言葉に関して思わぬ質問をすることがあります。こうした子どもたちの様子は、母語の習熟が進み、知能が発達してきていることを物語っています。

　外国語を新たに学習するには、自分の母語以外の言語への関心、海外の動きや出来事への興味、ことばへの関心、比較・分類・一般化する能力などが必要です。自分自身で気付いていなくても、そのようなレベルに精神的に発達していることが必要です。いくらたくさんのインプットを与えても、インテイクしようとする受け入れ態勢ができていなければ、学習効果が上がりません。

　英語に接したり学んだりしたことがある6～10歳の児童に、日本語と英語の単語を復唱させて、脳の活動を観察する実験があります（Sugiura et al. 2011）。日本語の単語を復唱する場合には、意味や音韻処理に関係している部位（角回、縁上回）が活動するのですが、英語の単語の場合はそうした部位が活動せず、単なる音（non-word）として処理していることが報告されています。この年齢では、英語の単語が言葉として定着していないことが窺えます。

　このように見てくると、小学校での英語学習を開始する

のは早くても4年生からが良いと言えるのではないでしょうか。小学1年生や2年生の英語の授業を参観する機会がありますが、確かに英語で楽しそうにゲームをしたり歌を歌ったりしています。そうした光景を見ると、早期に英語学習を開始するのも悪くはないのではないかと思われます。ただ、「英語遊び」から英語の知識が定着し、その先の中学や高校での英語学習へと結び付いていくのか分かりません。受け入れ態勢ができていない状態で英語を学び、かえって英語嫌いという逆効果が出ることにも注意しなければなりません。

♣ 成功させるために

小学校英語を成功させるためには、開始年齢のほかにも、いくつか注意しなければならない点があります。その中でも、カリキュラムと指導者（教師）が大切です。この2つはお互いに関係しており、車の両輪のようなものです。小学校英語に慎重な立場を採っている人にとって、最も気になる点ではないでしょうか。

小学校英語に熟達した先生が中心となって、3年間なら3年間の体系的なカリキュラムを作り、そのカリキュラムをしっかりと頭の中に入れて、どの学年を担当しようとそのカリキュラムを縦横に活用できるようにしておくことが

必要です。6年生で学ぶ際に5年生で学んだことと関係付けたり、歌やゲームの活動で出てきた表現や項目を黒板中心の活動に関係付けたりしないと、歌は歌、ゲームはゲームで「楽しかった」に終わってしまい、定着や発展が望めません。

　ある研究会で、大変寒々とした小学校英語の現状を聞いたことがあります。自ら「私は英語が苦手で、好きではありません」と言って憚(はばか)らない専科の先生が、学校全体の英語を任されているというのです。任された理由は、たまたま授業の持ち時間数が少なかったからです。その先生は大変熱心なのですが自身英語が好きではありませんから、勢い一緒に担当するALTの外国人教師に「全面的お任せ」ということになります。ALTには優秀で熱心な先生がたくさんいるものの、毎年同じ学校に配置されるわけではありません。1つの学校のすべての学年の英語を担当するわけではありません。その学校にふさわしい体系的なカリキュラムを頭に入れて授業をするということを期待するのは難しいです。

　今紹介した例ほど極端ではないとしても、小学校英語に長けた先生がいないとなると、クラス担任の先生が中学時代に経験した中学校英語を前倒しして小学生に教えることになります。また、小学校における英語教師不在を解消するために（あるいは、統廃合などの理由で）、今後小中一

貫制が普及することが予想されますが、中学の英語教師が小学生を教える際にも、安直な中学校英語の前倒しにならないように十分気を付けなければなりません。

　小学校英語には、小学生の特性や発達段階に合った指導法やカリキュラムというものがあるはずです。上で見たヴェバーらの実験からも、L2 において音韻的課題の方が形態的課題よりも習熟していることが分かります。小学生は繰り返し音を発音したり聞き取ったりすることを、恥ずかしがったり嫌がったりしません。模倣するのが上手です。音の発音や聞き取りは、従来の我が国の英語教育で最も手薄であった技能です。またことばの習得を見ても、まず耳や口（音）から入り、目や手（文字）へと進み、最後に頭で文型や文法を記憶して、定着します。新たに小学校英語という今までになかったものが加わるのですから、従来の英語の学習で手薄であった技能を補い、英語が自然な流れの中で学べるように、英語教育全体で体系的・補完的になるように設計し直す良い機会であろうと思います。

　そのためには、各小学校に英語の中心となる先生、できればその専任教員が、配置されるようになることが強く望まれます。

24 ことばで脳や心を探る

♠言語学のイメージ

　私は言語学の研究をしていますが、言語学というと、みなさんはどんなイメージを思い浮かべるでしょうか。古臭い、堅苦しい、些末的、偏屈者がする学問、等々。いずれも余り芳しくないですね。少し前に、本屋大賞を受賞した三浦しをんさんの『舟を編む』が、松田龍平さんの主演で映画化されました。主人公の馬締光也はまじめ一辺倒、人付き合いが苦手で、世捨て人のように辞書作りに没頭します。その彼が大学院で専攻したのが、言語学です。映画でも、やはり堅苦しい、暗いイメージです。

○2つの言語学

　私は言語学には2種類あると考えています。1つは「ことばを探る」言語学、もう1つは「ことばで探る」言語学。「ことばを探る」言語学は、いわば言語学の保守本流で、ことばの発音や意味、文法などを、個別言語ごとに、ある

いは人間言語全般について研究します。絶滅した言語や馴染みの薄い言語を研究対象にすることもあるので、もしかしたら「古臭い」「役立たない」などといった印象を与えるかもしれません。

これに対して、「ことばで探る」言語学は、ことばを材料にして、ことばと関連した、しかしことばそのものとは別のことを探る言語学です。言語学や学問の世界に学際的な研究領域をもたらした新しい、いわば革新的な言語学です。言葉の研究を通して、その言語が使われている社会の価値観や人間関係、文化の様相や意義、子どもの成長過程などを探ろうとします。新しい言語学の中でも、ノーム・チョムスキー（Noam Chomsky）の提唱する生成文法理論（25章を参照）は、ことばの研究を通じて、人間の脳やこころを探ろうとしています。

○こころと脳を探る

私たちが日ごろ使っているような、かなり複雑な内容が表現できる「ことば」を持っているのは、生物の中でも人間だけです。しかも人間ならば誰もがことばを使うことができます。ことばは、人間のみに特有な際立った性質（特質）の1つということができます。

言葉は声門や口などの発声器官で発声されますが、それに指示を与えているのは脳です。言葉の源となることばの

能力は脳に宿っています（お気付きかもしれませんが、「言語」「言葉」「ことば」を原則的に次のように使い分けています。「言語」は日本語や英語などの個別言語のこと、「言葉」は表に現れた言の葉、発話や言語表現のこと、「ことば」はその源となる脳内の能力や仕組みのこと。もちろん漢語表現が避けられない時は、「ことば」や「言葉」のことを「言語」と表現します）。ことばは、脳で営まれる重要な高次脳機能の1つです。

　日常生活では、外に現れた「言葉」と脳内の「ことば」を、あまり明確に区別することがありません。コトバと言えば大概の場合、ここで言う「言葉」のことを意味することが多いのではないでしょうか。実際言語学の保守本流である「ことばを探る言語学」が研究対象にしているのは「言葉」の方です。それに対して革新的言語学の「ことばで探る言語学」が研究対象にしているのは「ことば」の方です。両者を区別するために、前者を、「外に現れた」という意味の英語 externalized の E をとって E 言語（E-language）、後者を「内在化された」という意味の英語 internalized の I をとって I 言語（I-language）と呼ぶことがあります。生成文法理論が研究しているのは I 言語です。I 言語は、脳内にあって、脳による営み（精神活動、こころの働き）の1つですから、その機能、構成、成長、発生、脳における実装などを研究することにより、その他

の精神活動（たとえば、記憶、思考、計画、視覚、空間認識、推論など）の機能や成長などについても知る手掛かりが得られるのではないかと期待されています。

○I 言語を巡る問題

I 言語に関して、さまざまな問いや興味が思い浮んできます。それらを英語の what や how などの疑問詞に合わせて整理すると、次のような問題が浮かんできます。

I. I 言語は、どのような知識から成り立っているのか？　　　　　　　　　　　　　　　　（WHAT 問題）
II. I 言語は、どのように習得されるのか？
（HOW 問題）
III. I 言語は、なぜ人間だけに共通なのか？
（WHY 問題）
IV. I 言語は、脳のどこにあるのか？　（WHERE 問題）
V. I 言語は、いつ誕生したのか？　　（WHEN 問題）

I 言語は、ことばに関する知識の集合から成り立っていると考えられます。I の WHAT 問題は、I 言語を構成する知識とはどのようなものであるかを具体的に明らかにしようとするものです。II の HOW 問題は、一人の人間がどのようにして個別言語（母語）を習得していくかという問題です。上で触れたように、ことばは人間だけに固有な

ものです。また地球上には6500〜7000くらいの自然言語が存在しますが、それらの言語には共通性が見られます。IIIのWHY問題は、なぜこうしたことが起こるのかという問題を考えます。I言語は脳を切開しても直接見ることはできませんが、脳のどこかに神経学的に宿っているはずです。I言語が脳のどこに、どのように実装されているかを探るのが、IVのWHERE問題です。VのWHEN問題は、I言語は人類の歴史の中でいつ誕生し、どのように進化してきたのかを考える問題です。

　英語の疑問詞は5つのWと1つのHがありますが、I〜Vには、もう1つWHO問題（I言語を持っているのは誰か）が抜けています。既に上でも触れていますが、ことばを持っているのは人間だけであろうと思われます。しかし、動物行動学などの分野の研究者には、動物、とくに人間に近い霊長類も、ことばを持っているという意見があります。確かに動物もコミュニケーションを行っていますが、すぐ下で見るように、それがI言語であるかというと、疑問符を付けざるを得ません。

　I〜Vのような課題からすると、ことばの研究は、心理学とも、神経科学や脳科学とも、発生生物学や進化生物学、考古学などとも関係するような、なかなか壮大な射程を持った、斬新な、好奇心をそそられるような学問であるように思われますが、如何でしょうか。少なくとも、本章冒

頭に挙げたイメージとはだいぶ違いますね。本章では I〜V のうちの、主に III の WHY 問題と IV の WHERE 問題について見ます。

♠ なぜことばは人間だけに共通なのか

○ ことばの共通特性

　言葉はコミュニケーションの道具であると考えると、自然界にはコミュニケーションを行っている鳥や昆虫や動物がたくさんいます。オスとメスの間で、叫び声や、さえずり、光、体の色、化学物質などの放出によって、求愛のメッセージを伝達している鳥や昆虫や動物がたくさんいます。ミツバチは、巣のところで円形ダンスや 8 の字ダンスを踊ることによって、仲間に蜜のある方向、巣から蜜までの距離、蜜の種類を伝えることができます。ベルベットモンキーという小型のサルは、叫び声によって、敵が空から襲ってきているのか、地上から襲ってきているのかを、仲間に伝えることができるようです。ニホンザルは 30 数種類の叫び声を使い分けて、異なったメッセージを伝えていると言われています。

　動物のコミュニケーションでは、叫び声やさえずりのレパートリーが限られており、それらを組み合わせて新しいメッセージを作り出すことはできません。メッセージの内

容も、求愛とか、敵の襲撃、蜜の在り処など、極めて限られています。人間の言語も、一番基礎となる要素である音の数は、少ない言語で10数種類、多い言語でも60数種類といった範囲に収まります。ところが言語の場合には、限られた数の音を組み合わせて語を作り、語を組み合わせて句や文を作ります。こうした音の組み合わせ、語の組み合わせ、さらに文の組み合わせは、無限に続けることができます。現実には、記憶力に限界があるので、無限に長い語とか無限に長い文というはないのでしょうが、可能性としては要素の組み合わせを無限に繰り返すことができます。有限の要素を組み合わせて、無限に長い、無限に新しい内容の文を作り出すことができる——これが動物のコミュニケーションと人間言語の本質的な相違です。この特性は、人間言語であればどの言語にも共有されています。

　人間言語には、「有限要素の無限の組み合わせ」という特性以外にも、もう少し具体性のある特性が、共有されています（25章を参照）。そして、それらの共通特性は、他の動物のコミュニケーションには決して見られないものです。なぜ、人間のI言語のみに当てはまる共通特性というものが成立するのでしょうか。これが、IIIのWHY問題です。

○動物の臨界期

　ことばの能力は、人間という種に生物学的に（つまり、生得的に）備わっているものと考えられます。そのために、人間ならば誰もが、そして人間のみが、言葉を話したり理解したりすることができるのです。また、どの言語にも例外なく一様に、「有限要素の無限の組み合わせ」という特性が観察されるのです。

　では、ことばの能力が人間という種に生物学的に備わっていることを裏付けるような経験的証拠はあるでしょうか。その1つが、前章（23章）で見た臨界期の存在です。前章で、レネバーグが提唱する臨界期仮説を裏付ける現実の証拠として、隔絶された少女・ジーニーの発見について見ました。

　臨界期は、自然界の生物に広く見られる現象です。ある種に共通して生物学的に備わっている資質や能力でも、一定の期間に然るべき刺激が与えられないとその能力が開花しないという現象です。よく知られている例が、動物行動学者のコンラート・ローレンツ（Konrad Lorenz）が報告している鳥類の「刷り込み」の例です。ガンやアヒルなどの鳥類には、孵化してすぐに動くものを見ると、それを母親だと思って追いかけるという習性があります。動くものが人間であろうとおもちゃであろうと、それが母親だと「刷り込まれ」るのです。ところが孵化して24時間を過

ぎると、こうした刷り込みは行われなくなります。刷り込みという生物学的資質には、「臨界期」があるのです。

哺乳類にも臨界期があることを示したのが、1981年にノーベル生理学・医学賞を受賞したヒューベル（D. H. Hubel）とウィーゼル（T. N. Wiesel）による単眼遮蔽（たんがんしゃへい）の実験です。生まれてすぐの仔猫の一方の目を眼帯で遮蔽すると、その目は見えなくなってしまいます。ところが単眼遮蔽の実験を生後15週間過ぎに行っても、視力に影響を及ぼすことがありません。視神経の発達にも臨界期があり、それ以前に然るべき視覚刺激に接しないと視神経が健全に発達しません。

前章で、言語能力を花の球根に喩えました。花の球根に一定量の光と水を与えれば必ず花が咲きます。しかし春咲きのチューリップの球根に、梅雨や夏の時期に光と水を与えても花が咲きません。光や水を与えるのに適切な然るべき時期というのがあるのです。

生物学的に決まっている動植物の資質に臨界期があり、ジーニー（やレネバーグが論拠にした失語症や精神遅滞児など）の例から明らかなようにことばにも臨界期があるとなると、ことばも生物学的に決まっている資質・能力と考えなくてはなりません。人間は誰もが生得的に「ことばの球根」を持っており、それが思春期以前に周囲の言語に晒（さら）されると、自然に母語という花を開花していくのです。

○遺伝性言語障害

ことばが生物学的資質であることを裏付けるもう1つの証拠として、特定言語障害（Specific Language Impairment）の例を見ましょう。特定言語障害は、一般的な失語症とは違って、言葉全般に障害が出るのではなく、言葉の特定の項目（領域）だけに障害が見られるという特殊なタイプの言語障害です。

カナダの言語学者のマーナ・ゴプニック（Myrna Gopnik）は、1990年代にイギリス・ロンドンで発見され後に特定言語障害と呼ばれるようになる、特殊な言語障害の事例を報告しています。特定言語障害が特殊なのは、1つには、動詞の時制変化や名詞の複数変化など特定の文法項目だけに障害が見られるという点です。過去とか複数という概念は理解できているのですが、それを形態的に語尾変化させることができません。もう1つは、その障害が3世代にわたり、しかもその家系（KE家族と呼ばれています）の成員30名のうち半分以上の16名に見られるという点です。

障害が親から子へ、子から孫へと3世代にわたり、しかもKE家族の50%以上に引き継がれていることからすると、特定言語障害は遺伝性のものであると考えなければなりません。

遺伝を決定づけている物質は、言うまでもなく、体の細

胞内にある遺伝子です。遺伝子に何らかの異常（傷や欠損）が生じると、その遺伝子に関係する障害が発生します。特定言語障害も遺伝性障害であるならば、発症原因となる遺伝子があるはずです。新聞や雑誌は、その遺伝子を「文法遺伝子」とか「言語遺伝子」と騒ぎ立てました。

関心は、文法遺伝子の特定化に向けられます。KE家族の中で言語に障害をもつ者だけに見られる遺伝子として、FOXP2（フォックス・ピー・ツー）と呼ばれる1つの遺伝子が特定されます（Lai et al. 2001）。ところがその後の研究で、FOXP2はことばだけではなく、身体の連続運動や、消化器、心臓、肺などさまざまな器官とも関係していることが分かってきます。さらに、人間以外の動物も持っていることが分かってきます。どうやら「文法遺伝子発見」のニュースは幻に終わったようです。

ことばの能力を1つの遺伝子に起因させることができないとしても、遺伝性言語障害の事例は、ことばが遺伝的・先天的な資質であることを物語っています。ことばが先天的に、しかも、人間という種に共通して生物学的に備わっている資質であるとなれば、人間ならば誰もがことばを使うことができ、また全ての言語に共通した特性が見られるとしても（WHY問題）不思議ではなくなります。ことばは、一般的な知識の獲得を可能にする「一般的学習能力」のような能力によって、もっぱら後天的に経験に基づ

いて学んでいくのではなさそうです。

♠ことばは脳のどこに

○局在論

今度は、ことばは脳のどこに宿っているかというWHERE問題を考えてみましょう。この問題は古来哲学者や医学者の関心事であり、古代ギリシャ時代のヒポクラテス（紀元前450〜375頃）は脳に損傷を負うと失語症になることに気付いています。ことばと脳の関係が本格的に研究されるようになるのは、19世紀に入ってからです。

1836年にフランスのモンペリエで開かれた小さな医学会で、フランス人医師のマーク・ダクス（Mark Dax）は、ことばに障害を持つ患者の40例以上が左脳に損傷を持っていたことを指摘しています。脳の中でも、左脳がことばに深く関係していることを指摘したのです。

少し遅れて1861年に、パリにおける人類学会で、人類学者で外科医であるポール・ブローカ（Paul Broca）が、発話をしようとしてもうまく発話できない患者のことを報告しています。その患者の死後解剖から、左脳の前頭葉の下方（下前頭回）に脳梅毒による疾患があることが判明しました。ブローカにちなんで、この部位を「ブローカ野」、彼が発見した患者のようにうまく発声できないタイプの失

語症を「運動性失語」または「ブローカ失語」と呼んでいます。

　1874 年には、ドイツ人外科医のカール・ヴェルニッケ (Carl Wernicke) が、言語障害でもブローカ失語とは異なり、発話は流暢なのだが、その意味が不明であったり、聞いた言葉を正しく理解できなかったりするタイプの患者の例を紹介しています。これらの患者は共通して左脳の側頭葉の後方（後方上側頭回(じょうそくとうかい)）に損傷が見られました。ヴェルニッケにちなんで、この部位を（英語読みの）「ウェルニッケ野」、理解困難のタイプの失語症を「感覚性失語」または「ウェルニッケ失語」と呼んでいます。

　こうした臨床的な失語症患者の観察から、ことばの産出（発声）はブローカ野で、理解はウェルニッケ野で営まれていると、今日まで広く考えられています。特定の脳機能を特定の脳部位に関係付ける考え方を、脳機能の「局在論」と言います。局在論の典型が、ドイツ人神経学者のコルビニアン・ブロードマン（Korbinian Broadman）が作成した脳地図です。

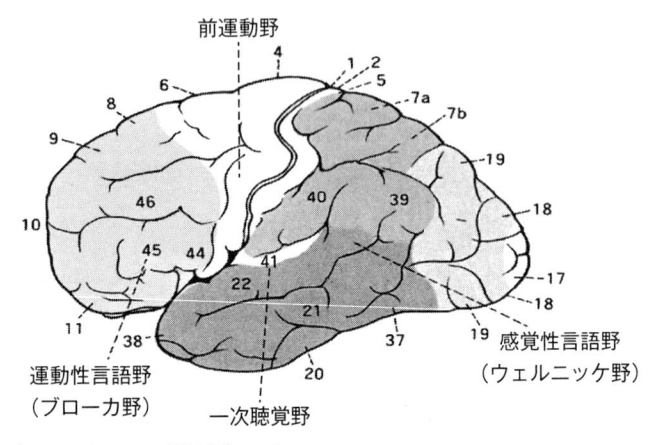

〈ブロードマンの脳地図〉

　脳の皮質を 52 の領域に分けて、それぞれの領域に番号を振り、脳機能を割り当てています。ブロードマンの脳地図によると、ウェルニッケ野は BA 22（BA は Brodmann's Areas の意味）、ブローカ野は BA 44、45 に当たります。ことばの聞き取り・理解を担う BA 22 のすぐ近くには一次聴覚野（BA 41、42）があり、ことばの発声を担う BA 44、45 の近くには前運動野があります。ことばの理解、産出に関係した領域（言語野）は、それぞれ一般的な音の聞き取り、筋肉の運動に関係した領域の近くにあるわけです。

　医療機器の進歩により、脳損傷を持たない健常者についても脳活動を調べることができるようになりました。その 1 つが、23 章で見た脳波計（EEG）のような脳波を調べ

る方法であり、もう1つはfMRI（機能的磁気共鳴画像法）のような血流の動きを画像化する方法です。脳に刺激や課題が与えられると、その種類に応じて、脳の異なる部位が異なった活動をします。脳活動が活発になると、脳血流の流れが盛んになります。fMRIは、脳血流の様子をとらえ、どのような課題に対して、どの部位がどのような活動をしているかを画像化するものです。画像法を用いた実験からも、言語課題に対しては、ブローカ野とウェルニッケ野が強く関わっていることが分かります。

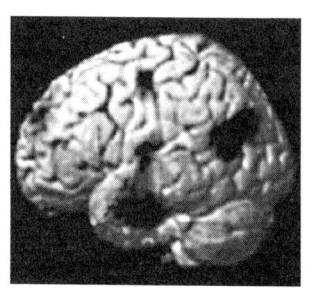

〈言語刺激に賦活する脳〉

　画像法から明らかになるもう1つ大事な点は、言語課題の種類が同じであると、言語が日本語であろうと英語であろうとドイツ語であろうと、同じ部位が同じような活動をするということです。たとえば、移動操作を含む統語的課題であれば、それが日本語の例文でも英語の例文でも、同じ部位が同じような活動をします。これは、ことばであ

れば、言語の相違に関わりなく、脳の同じ部位で処理されるということです。脳にとっては、ことばであることが重要で、言語の違いは無視できる範囲ということになります。このことからすると、前章で見たように、L1とL2の同種類の課題が脳の同じ部位で処理されているというヴェバーらのEEGによる実験結果も、当然の結果と言えます。

○経路説

　画像法から明らかになるもう1つの重要な点は、産出の課題でもブローカ野ばかりではなくウェルニッケ野も活動し、逆に理解の課題でもウェルニッケ野ばかりではなくブローカ野も活動し、しかもこれら2つの言語野以外にも程度に濃淡を付けながらいろいろな部位で活動していることです。つまりステレオタイプ的な局在論は成り立たないということです。これは、失語症の症状からも窺えます。純粋に運動性だけの失語、純粋に感覚性だけの失語というのはなかなか見られません。

　最近の注目される考え方に、ことばで中心となる2つの言語野が独立独歩なのではなく、神経繊維の束から成る「経路」によって繋がっているという考え方です。ブローカ野とウェルニッケ野の上方には背側経路と呼ばれる経路が、下方には腹側経路と呼ばれる経路が通っていると考え

II部　ことばの背景　121

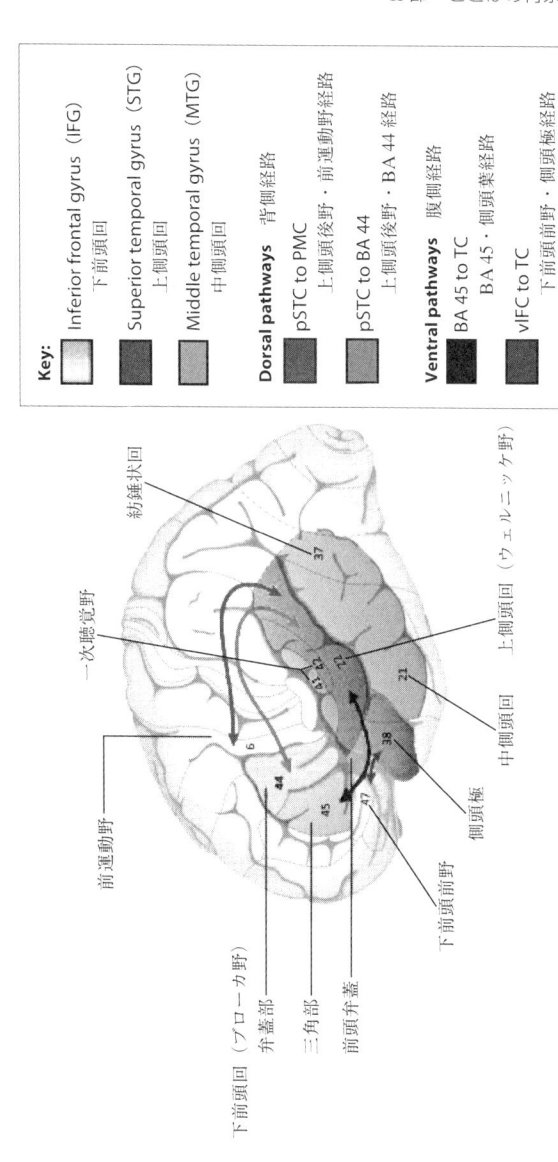

Key:
- Inferior frontal gyrus (IFG) 下前頭回
- Superior temporal gyrus (STG) 上側頭回
- Middle temporal gyrus (MTG) 中側頭回

Dorsal pathways 背側経路
- pSTC to PMC 上側頭後野・前運動野経路
- pSTC to BA 44 上側頭後野・BA 44 経路

Ventral pathways 腹側経路
- BA 45 to TC BA45・側頭葉経路
- vIFC to TC 下前頭前野・側頭極経路

下前頭回（ブローカ野）
- 弁蓋部
- 三角部
- 前頭弁蓋

前運動野
下前頭前野
側頭極
中側頭回
上側頭回（ウェルニッケ野）
一次聴覚野
紡錘状回

(Robert C. Berwick, Angela D. Friederici, Noam Chomsky, and Johan J. Bolhuis (2012) "Evolution, brain, and the nature of language," *Trends in Cognitive Science*)

られます。さらに、背側経路も腹側経路も二重になっていると考えられるので、二重経路説と呼ぶことができるかもしれません。

　経路説は、ことばの産出（文の発話）と理解（意味の理解）が表裏一体の関係にあることからすると、自然な考え方のように思われます。発話をするには、話し手は、意味を頭に浮かべて、音声に変えます。意味を理解するには、聞き手は、発話を聞いて意味を読み取ります。しかも産出と理解は、少し専門的になりますが、統語構造という表示を仲介にして行われます。たとえば「若い男と女」という表現は２通りの意味を持っています。１つは、㋐「若い男と、年齢不問の女」という意味で、「若い」は「男」だけを修飾しています。もう１つは㋑「共に若い男と女」という意味で、「若い」は等位接続されている「男と女」の両方を修飾しています。これを語同士のまとまり具合（構成素関係）として表示すると、次のようになります。

　㋐　［若い男］と［女］
　㋑　［若い］［男と女］

　㋐㋑に示した構成素関係は、統語構造の一部分です。「若い男と女」という発話を聞いた聞き手は、いずれか一方の意味で理解するには、いずれか一方の統語構造を頭の中に作らなければなりません。またいずれか一方の意味を

表現しようとする話し手は、その意味に対応する㋐または㋑の統語構造を描いて、「若い男と女」と発話することになります。発話から意味を理解するにも、意味を発話として表現するにも、統語構造が関与しています。発話と理解が統語構造を仲介にして結び付いているとなれば、ブローカ野とウェルニッケ野が独立独歩ではなく、経路によって結ばれていると考えるのも不自然ではないように思われます。

　ブローカ野は従来産出を担っていると考えられてきましたが、実は統語構造を作ったりその解析をしたりする働きをしていることが分かってきています。統語構造は、語句を一定の規則に則って結合することによって作り出されますから、より一般的には、要素の連続的な結合や、その結合の分析という役割を担っているということができるかもしれません。一方ウェルニッケ野も、従来理解というプロセスを行う領域と考えられていましたが、意味概念の知識が記憶されている領域なのではないかと考えられます。経路説によると、上の方を走っている背側経路は主に産出の働きを、一方下の方を走っている腹側経路は理解の働きをしています。ここでいう産出とか理解とは、伝統的に考えられていた文発話や意味理解のことではなく、意味内容（思考）の構成や、文の組み立てや、発音の仕方などについての産出であり、それらの理解のことです。

産出にも理解にも統語構造が重要な役割を果たしており、その統語構造を構築したり解析したりする部位がブローカ野です。また産出にも理解にも意味概念の知識が必要であり、その在り処がウェルニッケ野です。産出にも理解にもブローカ野とウェルニッケ野の両方が関わっており、両言語野が2種類の経路（背側経路と腹側経路）で繋がっているのです。2種類の経路のうち背側経路が、ブローカ野やウェルニッケ野などの連携によって行われる意味内容や発話の組み立て（産出）の働きを、一方、腹側経路が意味内容や発話の解釈（理解）の働きを、それぞれ主に担っているものと考えられます。そのために、ブローカ野が損傷しても産出ばかりではなく理解にも障害が生じ、ウェルニッケ野が損傷しても理解ばかりではなく産出にも障害が生じるわけです。ことばに関与しているのは2つの言語野だけではなくそれらを繋ぐ経路も含まれます。

　Ⅰ言語はどこにあるのかというWHERE問題の答えは、2つの言語野が独立独歩で存在しているとする伝統的な局在論よりも、それらが経路で繋がっているとする最近の経路説の方が有望なように思われます。

㉕ 新しい知のパイオニア　チョムスキー

♠チョムスキー革命と認知革命

　ノーム・チョムスキーが現代言語学に大きな足跡を残してきたことについて、異論を唱える人は、まずいないでしょう。言語学の世界に「チョムスキー革命」を引き起こしたと言われています。マーガレット・トマス（Margaret Thomas）の『50人の言語の思想家』によると、チョムスキーは「現代最も影響力のある人物」としつつ、わざわざ「唯一の（single）」という修飾語を入れています。チョムスキーが提唱する生成文法理論が、20世紀後半から今世紀にかけて言語学の主流をなしてきたことは疑いようもありません。

　にもかかわらず、チョムスキー自身は、「言語学の縁（edge）で研究をしている」と言っています（Chomsky 2004）。主流をなしながら、縁にいるとは、矛盾しているようですね。これは前章で見た2つの言語学——「ことばを探る言語学」と「ことばで探る言語学」——と関係して

125

いると思われます。言語学の保守本流は「ことばを探る言語学」であるが、彼が探究しているのはそれではなく、本流から外れた革新的な「ことばで探る言語学」です。多くの人が「チョムスキー革命」を認めていながら、自らを縁に位置付けるあたりに、チョムスキーらしさ、チョムスキー理論の革新性が窺えるように思います。

これに関連して、ベルギーの科学哲学者ブリクモンとフランクは「現代の知識人の中で、チョムスキーは世界中で最も有名でありながら、フランスでは最も知られていない」と、フランスの学界を皮肉りながら述べています (Bricmont and Franck 2010)。その理由として、チョムスキーはフランスの伝統的な思想界の分類に簡単には収まり切らないからだとしています。既存の学問領域の分類には収まらないような、先進的な新たな知の領域を探求し続けているのです。

○認知科学の誕生

チョムスキーの言語学は、前章で見たように、ことば（I言語）の研究を通じて、人間の心や脳を探ろうとしています。心を科学的に研究する学問を「認知科学」と言います。認知科学は、誕生してまだ日の浅い新しい学問領域です。では、いつ頃誕生したのでしょうか。

心理学の重鎮だったジョージ・ミラー（George Miller）

によると、それは1956年の9月11日だとしています。その日はアメリカのMIT（マサチューセッツ工科大学）で開かれていた情報理論の特別シンポジウムの2日目に当たり、まだ若い、名前の知られていない言語学者が刺激的な論文を発表していました。情報理論やそれに関連した分野の著名な研究者が、その発表を聴衆として熱心に聞いていました。その若き言語学者こそが、MITで教え始めて2年目のチョムスキーだったのです。ミラーはチョムスキーの発表を聞いて、新しい心の研究領域が誕生したと予感したのでしょう。ミラーの予感どおりに、その後アメリカでは言語学、心理学、生物学、コンピュータサイエンス、哲学などが中心となって認知科学の研究が一大潮流となっていきます。チョムスキーは、言語学の世界に「チョムスキー革命」を引き起こしたばかりではなく、学問の世界に「認知革命」を巻き起こしたとも言われています。

○京都賞の受賞

世界的に優れた研究というと誰もがノーベル賞を思い浮かべますが、チョムスキーの研究がそんなに優れているのであれば、ノーベル賞を受賞したとしてもおかしくありません。なぜ受賞しないのでしょうか。理由は簡単です。ノーベル賞には、物理学賞や化学賞、生理学・医学賞、文学賞、経済学賞などがありますが、言語学を対象にした賞

がないからです。

　ノーベル賞の対象から外れている分野を授賞対象としようとして誕生したのが、日本の京都賞です。京都賞には、ノーベル賞では対象とならない先端技術部門、基礎科学部門、精神科学・芸術表現部門の3部門があります。チョムスキーは1988年に、第4回京都賞で基礎科学部門賞を受賞しています。その時の授賞理由を、ちょっと見てみましょう。

> 「生成文法理論」を提唱して、言語学の革命的大転換を引き起こし、これを通じて人間の精神構造を解明するという野心的なプログラムを可能にし、これにより認知科学の成立を鼓舞し、その基礎を与えました。

〈京都賞の授賞式で〉

授賞式が行われた 1988 年の秋は、ちょうど MIT に客員研究員として滞在していました。チョムスキーの授業の後に研究室に呼ばれ、「君は授賞式に行かないのか」と尋ねられたので、「主催者が旅費を出してくれれば行きたいのですが」と冗談めかして答えました。京都賞のことや日本の学問研究の趨勢などについて和やかに話している中で、「言語学に賞が与えられることは喜ばしいことだ」と言われていたのを懐かしく思い出します。もちろん賞の受賞などで得意になるような人ではありませんが、受賞による言語学のさまざまな方面への波及効果を考えてでしょうか、受賞を素直に喜んでいたように受け取れました。

♠ 何が革命的か

　チョムスキーの生成文法理論は、自らを「縁で仕事をしている」というように、未踏の先端的な所を研究領域としています。チョムスキーの理論は何度か大きな理論転換をしますが、縁のところで、絶えず新たな課題を付け加えながら新たな学問領域を切り開こうとしているのですから、理論が固定的で同じものに踏みとどまっているということはありえません。

　幾度かの大きな理論的転換に関わりなく、チョムスキー理論には一貫してブレることのない考え方があります。理

論的転換は、そうした考え方を屋台骨にした理論上の精緻化ということができます。一貫した考え方のいくつかを見てみることにしましょう。

○I 言語

　第一に、コトバの研究対象を、こころで営まれることば（I 言語）としていることです。伝統的な言語学では、外に現れた言葉（E 言語）を研究対象とします。特に、生成文法誕生以前の構造主義言語学と呼ばれる流れでは、心理学の行動主義の考え方を汲み、「観察可能な」ものだけを研究の対象としていました。コトバでいえば、発声された発話や文字で書かれた文章です。生成文法では、それを作り出すシステムが、外からは見えない脳の内部にあると考えています。言語学の研究対象をE言語からI言語に転換したことが「革命的」なことであり、それがやがて認知革命の大きなうねりを引き起こすことになります（チョムスキー『統辞構造論』（岩波書店）に付けられた福井直樹・辻子美保子による詳細な【解説】が参考になります）。

○生得性

　第二の変わらぬ特徴は、ことばの能力は生物学的に決まっている先天的な資質であるという点です。この点については、前章（24 章）で詳しく見ました。ことばの能力

のことを言語機能 (language faculty) ということがあります。言語機能とI言語の関係は、ある見方をすれば同一と見ることもできますが、I言語のIにはinternalized（内在化された）という意味とindividual（個人の）の意味が込められていることからすると、個人ごとに母語は異なるのですから、I言語の方は母語の発話を生み出す脳内の言語システム、一方、言語機能の方は母語の獲得（I言語の獲得）を可能にする生得的な資質、という具合に区別する方が正確かもしれません。行動主義心理学では、知識は刺激と反応の原理を中心にして、もっぱら経験に基づいて獲得されると考えていましたから、ことばの獲得に先天的な資質が大きく関わっているとする生成文法は、習得過程の点でも行動主義やその流れを汲む構造主義言語学と著しく異なります。

○普遍性

　第三の特徴として、第二の特徴と深く関係しているのですが、ことばの普遍性、言語習得の普遍性を主張しています。言語機能が人間という種に共通した先天的な資質であり、言語の習得がその言語機能に基づいてなされるのであれば、どの言語の習得過程にも共通性・普遍性が見られ、獲得された言語間にも共通性・普遍性が見られるとしても、当然と言えましょう。もちろん前章の臨界期の所で見

たように、一定の期間に言語に接することが必要です。子どもの周囲で話されている言語は地域・社会によって異なるのですから、獲得された言語の間に相違があることも事実です。言語には共通性と相違性という相矛盾するような2つの側面があるわけです。どのように考えればこれを説明することが可能になるかが、言語理論にとって大きな問題です。この点については、134頁以降の「原理とパラメータ」の所で見ます。

○モジュール性

　生成文法の第四の特徴として、ことばのモジュール性を挙げることができます。モジュールというのは、元々は機械や建築の基本部品のことを言います。それぞれのモジュールが独自の構成をしており、それらを組み合わせることによって複雑な機械や複合的な建物ができます。哲学者で言語学者のジェリー・フォーダー（Jerry Fodor）は、こころをモジュールの複合体として捉えます。記憶や推論、視覚、聴覚など脳で営まれる高次脳機能は、それぞれに特有な構成から成るモジュールとなっており、それらが複合して心が成り立っていると考えるのです。言語にも、ことばに個有な原理から構成される言語モジュールがあるものと考えられます。言語モジュールは1つの独立したモジュールとして他のモジュールから切り離して研究する

ことができる、という方法論上の立場をチョムスキーは採っています。

〈こころのモジュール〉

　実際に言葉が使われる時には他のモジュールと連携し合うことになります。したがって言語モジュールは、少なくとも、言葉を産出したり理解したりする時に関わってくる視覚や聴覚などの知覚モジュール、発声器官を動かす運動モジュール、意味や概念のモジュール、意図や計画のモジュールなどと接しながら繋がっていると考えなければなりません。

　前章で、I 言語の WHERE 問題を論じた際に、ブローカ野とウェルニッケ野が独立して存在しているのではなく、経路で繋がっていると考える方が有望であるというこ

とを見ました。そこでは経路が2つの言語野を繋いでいるというところまでを述べましたが、経路のあるものは、言語野に隣接して運動野や聴覚野などことばの理解や産出に参加するさまざまな部位とも繋がっているものと考えられます。その辺に、背側経路、腹側経路が共に二重になって複雑化していると仮定する理由があるのかもしれません。モジュール間の連携ということを考えると、局在論よりも経路説の方が有望のように思われます。

では言語モジュールの中身はどのような原理から構成されているのでしょうか。言語モジュールの原理としてどのような構成を考えれば、第三の特徴の最後で触れた、言語間の共通性と相違性という一見相矛盾するような問題に対応することができるようになるのでしょうか。

♠ 原理とパラメータ

言語の共通性と相違性を考える上で、母語の日本語と身近な外国語である英語を比較してみると、いろいろなことを示唆してくれます。両言語はいろいろな点で相違があるからです。

○ 主語
まず次のような文を見てみましょう。

(1) いつもニコニコしていて、親切だから、みんなから好かれるんだよ。

この文は3つの節から成り立っていますが、どの節にも主語がありません。この文が使われる文脈から主語が誰であるかが分かるからです。目の前の人を褒めているとすれば、主語は「君は」とか「あなたは」など2人称代名詞です。友達の花子さんのことが話題になっている文脈で使われれば、主語は花子さんです。一方（1）の内容を英語で表そうとすれば、必ず主語がなくてはなりません。

(2) **Hanako** always keeps smiling and is kind to everyone, so **she** is loved by everyone.

では日本語には主語がなくてもいいのでしょうか。次の文を見てみましょう。「自分」は再帰代名詞と呼ばれる代名詞の一種で、必ずその先行詞を必要とします。次の文では、「自分」の先行詞は何でしょうか。

(3) a. 太郎が花子に自分の本をあげた。
    b. 次郎は友達に自分のことばかり話している。

どちらの文にも、「自分」の先行詞になり得る候補が2つあります。(3a)ならば「太郎」と「花子」、(3b)ならば「次郎」と「友達」です。ですが、実際に「自分」の先

行詞となっているのは、(3a) では「太郎」、(3b) では「次郎」に限られます。再帰代名詞の「自分」には、概ね次のような規則があります。

(4) 「自分」の先行詞となるのは、主語である。

では、次の (5) (6) では「自分」の先行詞は何でしょうか。

(5) a. 花子に自分の本をあげたよ。
  b. 友達に自分のことばかり話して、反省しているよ。
(6) a. 花子にご自分の本をあげたら如何ですか。
  b. あまり友達に自分のことばかり話すものではないですよ。

(5)(6) どちらにも主語が現れていません。(4) の規則からすると、再帰代名詞の先行詞となる主語があるはずです。文末の終助詞「よ」、「如何ですか」「ものではないですよ」などの表現から、主語が (5) では一人称代名詞の「私」とか「僕」、(6) では二人称代名詞の「あなた」とか「君」であることが分かります。それらの代名詞が隠れているとすれば、(5)(6) でも (4) の規則に従って、再帰代名詞「自分」の先行詞が主語であるということになります。

そうだとすると、主語はどの言語にもあるのだけれども、その出現が日本語では随意的であるのに対して、英語では義務的である、という違いがあることになります。

○疑問文

今度は、「三郎は、昨日、神田で、本を買った」という平叙文に対する疑問文を考えてみましょう。平叙文の太字の部分を尋ねるとすると、次のような疑問文となります。質問をする部分を疑問詞に置き換え（文末に終助詞の「の」を付け）るだけで、疑問文ができます。

(7) a. 三郎は、**いつ**、神田で、本を買ったの？
　　b. 三郎は、昨日、**どこで**、本を買ったの？
　　c. 三郎は、昨日、神田で、**何を**買ったの？

これらに対応する英語の疑問文を作るとすれば、(8)のようになります。質問をする部分が疑問詞になる点では同じですが、その疑問詞が常に文頭に現れていなければなりません。

(8) a. **When** did Saburo buy the books in Kanda?
　　b. **Where** did Saburo buy the books yesterday?
　　c. **What** did Saburo buy in Kanda yesterday?

日本語と英語の疑問文では、質問の対象となる部分を疑

問詞で尋ねるという点では同じですが、その疑問詞が日本語では元の位置に現れるが、英語では文頭へ「移動」しなければならないという点で相違しています。

○ 語順

　もう1つ、日本語と英語の語順を考えてみましょう。語が集まると動詞句とか名詞句など「句」という単位ができます。句には必ず中心となる語があります。動詞句では動詞、名詞句では名詞が中心となる語です。句の中心となる語を、句の「主要部」と言います。主要部と、それと関係の深い語句が一緒になって、句を構成します。たとえば「読む」という動詞であれば、本や新聞などが関係の深い語句（目的語となる名詞句）ということになります。主要部と関係の深い語句を「補部」と言います。今の例で言えば、「本を」という補部と「読む」という主要部が一緒になって「本を読む」という動詞句ができます。補部が前で、主要部が後ろという語順になります。

　これを英語で表すと、read books のように動詞句の主要部である動詞（下線部）が前で、補部である目的語の名詞句が後ろになります。主要部と補部の語順がちょうど逆転します。

　これは動詞句の場合に限られたことではありません。次頁の (9) にはいろいろな種類の句の例が示されています。

どの句でも、太字の主要部が日本語と英語で逆転している（日本語では句の末端、英語では逆に句の先端に現れる）ことが分かります。接置詞というのは、日本語の助詞（後置詞）や英語の前置詞のように名詞に付く（接置する）語のことです。

(9)

日英語 句	日　本　語	英　　語
動詞句	本を**読む**	**read** books
名詞句	野球の**話**	**story** about baseball
形容詞句	犬が**こわい**	**afraid** of dogs
接置詞句	大阪**から**	**from** Osaka
主要部と補部の語順	補部＋主要部 主要部が末端	主要部＋補部 主要部が先端

　どの句においても一貫して、主要部が日本語では句の末端（右側）、英語では句の先端（左側）に現れています。どちらの言語でも、1つの句が主要部と補部から成り立っているという点では共通していますが、主要部の占める位置が句の末端であるか先端であるかの点で相違しています。

○ 原理とパラメータによるアプローチ

以上 3 つの例について、日本語と英語の間に共通性もあり相違性もあることを見てきました。相違性は簡単な「二択」の選択肢として表すことができます。チョムスキーは、こうした共通性と相違性を、それぞれ原理 (principles) とパラメータ (parameters) として捉えることを提案しています。パラメータは原理に付随するスイッチのようなもので、子どもは言語習得の過程で周囲の言語に応じて二択のスイッチ（たとえば、「プラス」か「マイナス」か）の中から選んでいきます。この考え方によれば、言語習得とは、パラメータの二択の選択肢のうちどちらかを選んでいく過程にほかなりません。

上で紹介した 3 つの例の原理とそのパラメータをまとめると次のようになります。パラメータ欄の {　} 内は二択の選択肢です。

(10)

	原　理	パラメータ
主　　語	節には主語がある	出現が {義務的／随意的}
疑 問 詞	疑問詞で質問する	移動 {する／しない}
句の構成	句は主要部と補部から成る	主要部が {先端／末端}

言葉の共通性と相違性を原理とパラメータで捉えようとするアプローチを「原理とパラメータによる接近法」と呼びます。原理とパラメータによる接近法は、古今東西を問わずそれまで見られなかったような「革命的」な言語分析法です。言語の共通性と相違性という、相反する側面を矛盾なく説明することを可能にするばかりではなく、言語習得のいわゆる「刺激の貧困」と呼ばれる問題にも納得のいく答えを提供します。

　子どもは5歳くらいまでに母語の中核を習得すると言われています。小学校に就学する頃には、どの子どもも日本語らしい日本語を話せるようになりますし、学校の先生が話す日本語を理解することができるようになります。5歳くらいまでに子どもが経験する言葉の経験は、人間の一生の中でほんのわずかな量です。しかも周囲で話されている大人たちの言葉は必ずしも完全ではなく、言い澱みや間違い、中断や「脱線」などを含んでいます。量的にも質的にも不十分な（貧困な）状態の中で、子どもは完全な母語のI言語を習得していきます。これを「刺激の貧困」の問題といいます。もし先天的に原理とパラメータが用意されていて、言語習得とはパラメータの選択肢を選んでいく過程にほかならないとするならば、子どもが刺激の貧困にもかかわらずI言語を習得できるということも不思議ではなくなります。前もって用意されているパラメータの選択肢

を選ぶのには、言語刺激がそれほどたくさん必要ではありませんから。

♠ 歴史的位置づけ

チョムスキーが現代社会において大きな影響力を持った言語学者、科学者、知識人であることは、本章冒頭で見たトマスからの引用からも明らかでしょう。それを裏付けるように、2005年10月21日付けのロイター通信は「世界一のインテリは誰か」という調査で、チョムスキーが断然トップになったというニュースを伝えています。その調査は、英国の有力月刊誌『プロスペクト』と米外交専門誌『フォーリン・ポリシー』が英米を中心とする2万人に投票を依頼して行われたもので、1位のチョムスキーが約4800票、2位のイタリアの小説家・学者のウンベルト・エーコが約2500票ですから、まさにダントツの1位の「世界一のインテリ」ということになります。

では、科学史や思想史の中での位置付けはどうでしょうか。何人かの識者の見解を引用してみましょう。イギリスの言語学者のニール・スミスは、「チョムスキーは、我々の人間についての考え方を大きく変え、思想史におけるダーウィンやデカルトに匹敵する地位を確立した」と述べています (Neil Smith 1999)。さらにスミスは、「フロイ

トのように精神の概念を一新し、アインシュタインのように高度な科学的独創性を過激な政治的活動と融合し、ピカソのように、自ら確立した体系を打破し続け、最もよく似ているのは、数学の基礎を再定義し、政治的活動に関わったラッセルである」と、人文科学、自然科学、さらに近代芸術の巨匠たちと並び称しています。

チョムスキーについて2冊の本を書いているロバート・バースキーは、「チョムスキーは今世紀最も重要な人物の一人であり、後世に、ガリレオ、デカルト、ニュートン、モーツァルト、ピカソなどのように語られるであろう」と、科学史や美術史を彩る巨大な偉人たちに匹敵すると讃えています (Robert Barsky 1997)。これらの偉人たちに共通することは、科学や芸術の世界に独創的なまったく新しい地平を切り拓いたことです。

II 部　引用文献

Barsky, Robert (1997) *Noam Chomsky: A Life of Dissent*, MIT Press, Cambridge, MA.

Bricmont, Jean and Julie Franck (2010) "Chomsky, France, Reason, Power," *Chomsky Notebook*, ed. by Jean Bricmont and Julie Franck, 53-73, Columbia University Press, New York.

Chomsky, Noam (2005) *Generative Enterprise: Revisited*, Mouton de Gruyter, Berlin.［福井直樹・辻子美保子(訳)『生成文法の企て』岩波書店.］

Johnson, Jacqueline S. and Elissa L. Newport (1989) "Critical Period Effects in Language Learning: The Influence of Maturational State on the Acquisition of English as a Second Language," *Cognitive Psychology* 21, 60-99.

Lenneberg, Erick (1967) *Biological Foundations of Language*, Wiley, New York.［佐藤方哉・神尾昭雄(訳)『言語の生物学的基礎』大修館書店.］

Lai, Cecilia S. L., Simon E. Fisher, Jane A. Hurst, Faraneh Vargha-Khadem and Anthony P. Monaco (2001) "A Forkhead-Domain Gene Is Mutated in a Severe Speech and Language Disorder," *Nature* 413, 519-523.

Smith, Neil (1999) *Chomsky: Ideas and Idelas*, Cambridge University Press, Cambridge.

Sugiura, Lisa, Shiro Ojima, Hiroko Matsuba-Kurita, Ippeita Dan, Daisuke Tsuzuki, Takusige Katura and Hiroko Hagiwara (2011) "Sound to Language: Different Cortical Processing for First and Second Languages in Elementary

School Children as Revealed by a Large-Scale Study Using fNIRS," *Cerebral Cortex* 21 (10), 2374-2393.
Thomas, Margaret (2011) *Fifty Key Thinkers on Language and Linguistics*, Routledge, London.
Weber, Patricia, Nadja Kozel, Christian Purgstaller, Reinhard Kargl, Daniela Schwab and Andreas Fink (2013) "First and Second Language in the Brain: Neuronal Correlates of Language Processing and Spelling Strategies," *Brain and Language* 124, 22-33.

あとがき

「朝礼や、終業式、始業式でお話し下さるお話は、いつも興味深くて、ためになるお話でした。だから、私は、いつも中島先生のお話を楽しみにしていました。」全校児童を対象にした講話や挨拶では、教室における授業とは違って、聞き手の反応を身近で直接的に感じ取ることができません。それにテーマや内容がやや専門的になることもあったので、果たして子どもたちが理解でき、意図していることが伝わったのかと不安になることがよくありました。ですが、上に紹介した（ほんの一例ですが）、卒業していく６年生の書いてくれたメッセージからすると、興味を持って聞いていてくれ、理解していてくれたようです。また別のメッセージ・カードからすると、本書の序で書いた「斜めからの教育」が目指していること（児童の表現を借りれば「ふだんふつうに使っている言葉に意識的に接すると、新しいことが見えてくるということを先生は教えて下さいました」）も理解してもらえていたようです。

　小学校で語ったり書いたりした講話や挨拶の多くはパソコンに残っていました。それらの中には、教員、中高大学生、保護者、社会人の方々にも読んでもらいたいものもあ

るので、いつか機会があれば1冊の本にまとめてみたいと考えていました。2014年3月に、私が在職していた時の最後の学年が卒業したのを機に、開拓社の川田賢さんに出版の相談に乗ってもらいました。「大変興味深い」と応じて下さったのですが、本書のI部とII部との間で「読者対象に開きがある」という点を懸念されていました。確かに、小学生に向けて話したことをそのまま再録するのであれば対象は小学生であり、II部が対象としている社会人とはだいぶ読者対象に開きがあります。ですがI部の中でも、学内紙誌に書いた文章は、児童よりも父母を意識にして書いたものです。実際、児童がくれた年賀状の端に小さく「先生の（学内紙に）お書きになる随筆を楽しく読ませて戴いています」と添え書きをして下さった保護者もいました。

　そこで、児童向けに話した話も、一般読者が読むのに耐えられるように少し手を加えたり補足したりして、さらにそれぞれの章の冒頭に簡単な大人向けの解説を加えることにしました。このようにして、はしがき及び序に書きましたように、本全体としては一般読者を対象にした「斜めからの教育」を奨める内容となり、小学生に語った話は、その実践例として位置付けることにしました。II部は、ことばそのものよりも、その周辺や背後にあることについて、市民講座などで話したものですから、対象は当然一般

市民です。

　教員、中高大学生、その父母、社会人など一般の方々（特に、教育やことばに関心のある方々）に、読んで戴ければ幸いです。もちろん、小学生にも読んでもらえれば、さらに嬉しいです。ことばへの気軽な誘いになることを願っています。

中島　平三　（なかじま　へいぞう）

1946年東京生まれ。東京都立大学大学院修士課程修了（文学修士）、米国アリゾナ大学大学院言語学科博士課程修了（Ph.D.）。現在学習院大学教授、東京都立大学名誉教授。千葉大学助教授、東京都立大学教授、都立大学附属高等学校長、学習院初等科長、MITおよびハーヴァード大学客員研究員などを経て現職に至る。日本英語学会会長、日本英文学会評議員、一般財団法人語学教育研究所理事、アメリカ言語学会名誉会員委員会委員などを経歴。編著書として、*Current English Linguistics in Japan*（Mouton de Gruyter）、『言語の事典』（朝倉書店）、*Locality and Syntactic Structures*（開拓社）、*Argument Structure: Its Syntax and Acquisition*（開拓社；共編）、『明日に架ける生成文法』（開拓社；共著）など多数。

これからの子どもたちに伝えたい
ことば・学問・科学の考え方

2015年4月27日　第1版第1刷発行

著作者　　中島平三
発行者　　武村哲司
印刷所　　日之出印刷株式会社

発行所	株式会社　開拓社	〒113-0023　東京都文京区向丘1-5-2 電話　（03）5842-8900（代表） 振替　00160-8-39587 http://www.kaitakusha.co.jp

© 2015 Heizo Nakajima　　　　　　　　　　　　ISBN978-4-7589-8030-2　C0080

JCOPY ＜（社）出版者著作権管理機構　委託出版物＞
本書の無断複写は、著作権法上での例外を除き禁じられています。複写される場合は、そのつど事前に、（社）出版者著作権管理機構（電話 03-3513-6969、FAX 03-3513-6979、e-mail: info@jcopy.or.jp）の許諾を得てください。